CATALOGUE

RAISONNÉ

DE MANUSCRITS ÉTHIOPIENS.

(C)

Le registre signalé à la p. IX est conservé
à l'Imprimerie Nationale sous la cote
II, 28 bis.

oct. 79

CATALOGUE

RAISONNÉ

DE MANUSCRITS ÉTHIOPIENS

APPARTENANT

A ANTOINE D'ABBADIE,

CORRESPONDANT DE L'INSTITUT DE FRANCE (ACADÉMIE DES SCIENCES),
MEMBRE CORRESPONDANT DE L'ACADÉMIE DE TOULOUSE
ET DE L'ASSOCIATION BRITANNIQUE POUR L'AVANCEMENT DES SCIENCES.

PARIS.

IMPRIMÉ PAR AUTORISATION DE L'EMPEREUR

A L'IMPRIMERIE IMPÉRIALE.

M DCCC LIX.

PRÉFACE.

Cet ouvrage étant le premier où l'on ait fait usage du nouveau type éthiopien de l'Imprimerie impériale, il est bon de dire comment on a procédé à la gravure des poinçons de ce nouveau caractère.

Comme je pouvais espérer d'achever le Catalogue de mes manuscrits avant les autres travaux destinés à faire connaître, en partie du moins, l'état physique et moral de l'Éthiopie, je consacrai à ce travail l'hiver de 1849 à 1850, et je rapportai à Paris, en avril de cette dernière année, mon Catalogue à peu près terminé pour l'impression. J'avais la tête alors pleine des belles formes des lettres éthiopiennes, belles du moins selon le sentiment des indigènes éthiopiens, et je ne pouvais consentir à laisser imprimer ce Catalogue avec le type un peu difforme provenant des clichés de l'ancien caractère de la Propagande, qui l'avait fait graver à une époque déjà fort reculée et dans un temps où le goût éthiopien était à cet égard aussi différent de ses préférences actuelles que le type des Alde s'éloigne de celui des Didot et des Bodoni.

M. Burnouf, qui comprenait si bien toute l'importance de la beauté des formes dans les caractères orientaux, voulut bien appuyer mon désir de voir graver les nouveaux poinçons éthiopiens, et M. le directeur de l'Imprimerie nationale ne tarda pas à décider que ce bel établissement ferait les frais de ce travail. A cette première faveur il en ajouta une autre bien plus grande, en décidant que la gravure du nouveau type se ferait sous ma direction exclusive.

PRÉFACE.

Il n'existait, je crois, que cinq corps de types éthiopiens. Le premier est celui de la Propagande, et doit dater de l'année 1513 environ; car il a été employé dans le *Psalterium* publié, en cette année-là, par Potken. C'est le premier ouvrage gi'iz qui soit sorti de la presse. Ce caractère est élancé et fort grêle. Il a été copié pour l'impression du psautier publié à Londres en 1815.

Ludolf, qui était naguère encore la grande autorité pour la langue gi'iz, sentit le besoin d'un nouveau caractère pour imprimer ses beaux travaux, et son type est encore employé par les orientalistes allemands. Il est plus gras que le précédent, mais les appendices des lettres, dits en Éthiopie ቀጠል, c'est-à-dire *feuilles*, sont informes et souvent trop grêles, ainsi qu'on le voit, surtout dans les lettres ኘፆስ de la cinquième forme. Quelques lettres, comme ዪ et ዥ, s'éloignent aussi beaucoup des idées éthiopiennes. Néanmoins le type que Ludolf a mis au jour est un véritable progrès sur celui que l'Europe savante devait à la sollicitude si active de la Congrégation de la Propagande.

Le type de la Polyglotte de Walton est un terme moyen entre le corps gras de celui de Ludolf et les formes maigres du caractère gravé à Rome. Ce type a été aussi employé dans les livres d'Esdras imprimés à Oxford; mais il le cède à celui de Ludolf.

Quand la Société biblique résolut de publier les saintes Écritures en amariñña, elle employa un caractère très-analogue à celui de Ludolf, dont les formes anguleuses ont été trop souvent reproduites. C'est ce qu'on peut voir dans les Évangiles imprimés à Londres en 1824. Plus tard, vers 1830, on grava à Londres les poinçons d'un type nouveau d'après des alphabets manuscrits apportés, dit-on, de l'Éthiopie. Ce type renferme moins de défauts que celui de Ludolf, et son apparition fut un véritable progrès, bien qu'il présente encore des détails que les scribes éthiopiens m'ont fait remarquer souvent, et qui n'existent chez eux dans l'écriture d'aucune époque. Je ne m'arrête pas à faire ressortir

PRÉFACE.

ces taches ; elles n'échapperont pas aux amateurs de la littérature éthiopienne, et l'examen du type de notre Imprimerie impériale montrera bientôt si je les ai fait disparaître.

On connaît le nouveau type de l'imprimerie impériale de Vienne. C'est celui qui s'éloigne le plus des formes préférées en Éthiopie.

M. Mohl, membre de l'Institut, m'avait engagé, dès 1839, à faire tracer plusieurs alphabets, en Éthiopie même, et par les meilleurs calligraphes de ce pays. Malheureusement le siècle des Quaraṅṅa, ce bel âge des manuscrits éthiopiens, était passé, et il n'existait plus d'écrivains habitués à reproduire cette écriture ጉልሕ guilḫ ou grosse, qui fait l'admiration des መምሕራን savants éthiopiens. Tous les écrivains préférant aujourd'hui la fine, dite ረቂቅ raqiq, le corps de mon plus gros alphabet manuscrit n'a pas plus de six millimètres. Dabtara Ḥadgu, qui passait encore, en 1847, pour le premier calligraphe de l'Éthiopie, me conseilla vivement de n'employer mes sept alphabets que pour les caractères les moins usités, et m'assura que je serais exempt de tout reproche de la part de ses compatriotes, si je faisais reproduire les formes de la magnifique écriture guilḫ de mon manuscrit n° 83, écrit sous les Quaraṅṅa pour un Wayzaro, ou membre de la famille impériale d'Éthiopie. Voici comment j'ai tâché d'exécuter ce conseil.

L'administration de l'Imprimerie impériale avait mis à ma disposition un de ses artistes distingués. M. Schmidt, qui a dessiné presque toujours et plus rarement calqué les lettres que je lui désignais dans cette écriture, dont la hauteur *moyenne* est d'environ douze millimètres au-dessus de la ligne inférieure qui, à peu d'exceptions près, sert de base commune aux caractères éthiopiens. Mon premier travail fut de noter les pages, colonnes et lignes qui contenaient les plus belles formes de chaque caractère dans ce manuscrit de cinq cent vingt pages. Pour les lettres difficiles, comme ይ, ዪ, etc. j'ai souvent marqué plus de deux cents exemples. Un tiers environ des caractères notés était rejeté dans une deuxième lecture, et les autres étaient ensuite élagués, en les comparant deux à deux, jusqu'à ce qu'il restât douze à vingt des plus belles lettres. Celles-ci étaient soigneusement mesurées en fractions de millimètres, afin d'en conclure les moyennes qui établissaient à peu près la hauteur et la largeur, relativement au corps du caractère. Ensuite ces douze ou vingt lettres choisies étaient encore examinées deux à deux, et le lieu de la plus belle était inscrit, avec les dimensions moyennes, sur un registre. Je joignais à côté les indications des lettres qui l'emportaient par tels détails de forme que l'artiste reproduisait d'abord dans un croquis soigné, fait au double trait, et corrigé pièce à pièce à plusieurs reprises. Je puis donc affirmer que tout ce qu'on trouvera de neuf dans les variations des formes existe bien réellement dans mon manuscrit-modèle. Sans parler de la recherche fastidieuse des lettres, la reproduction des formes était assez pénible pour que l'artiste n'ait jamais pu compléter plus de dix caractères dans une journée bien remplie. Les lettres ainsi dessinées dans des dimensions telles, que la plus haute avait quinze millimètres, étaient d'abord passées à l'encre de Chine : le même artiste les réduisait ensuite sur la pierre lithographique, dans la grandeur exacte des poinçons, et des épreuves tirées sur papier transparent étaient remises au graveur, qui ne s'en servait d'ailleurs que pour les dimensions extrêmes et pour la force des pleins; car il s'était astreint à copier les détails de formes sur les grands modèles tracés à l'encre de Chine. Un premier essai lithographique et la comparaison de mes manuscrits les plus modernes me confirmèrent dans la persuasion que le caractère éthiopien doit être relativement plus gras qu'aucun autre type oriental. J'eus d'ailleurs le soin d'envoyer au Père Juste d'Urbin une de ces épreuves lithographiées. Ce zélé missionnaire fit examiner mes lettres par les professeurs et les écrivains du Bagemdir et de Gondar, et m'envoya l'assurance de leur pleine approbation. Ces travaux préliminaires ayant été exécutés, la gravure des poinçons et leur correction réitérée d'après les impressions en fumés procédaient comme à l'ordinaire.

Seize *bons* caractères manquent dans mes manuscrits nᵒˢ 83 et 41 ; ce sont : ፐ, ፕ, ፗ, ኍ, ኁ, ኊ, ᎐, ᎏ, ቭ, ቯ, ዧ, ጟ, ጟ, ጰ, ፒ et ፘ : j'ai dû les tirer de mes alphabets écrits à Gondar, en m'aidant de mes souvenirs et des analogies inhérentes aux formes des lettres, pour les faire dessiner sur la grande échelle que j'avais choisie. Quelques caractères se sont modifiés depuis l'âge des Quaraña, dont j'ai préféré les formes, quoique déjà un peu surannées, parce qu'elles sont toujours admirées en Éthiopie, dont les calligraphes contemporains me conseillaient de les reproduire, et parce qu'elles sont plus familières à tous ceux qui se livrent, en Europe, à l'étude de la langue gi'iz. Pour les caractères arrivés à l'état de transition à l'époque des Quaraña, et qui sont tantôt d'une manière et tantôt de l'autre, j'ai préféré la forme consacrée par le goût moderne. C'est ce qui est arrivé pour les lettres ኄ, ና, ኝ, ፇ, ፐ, ዖ, ኤ.

Je ne me suis départi de ces règles que dans deux occasions : d'abord pour le ጀ, qui est aujourd'hui un ጀ avec un trait supérieur, et que le manuscrit nᵒ 83 écrit toujours comme jadis, en attachant la feuille à la tête de ce trait et vers la gauche, ce qui, du reste, est fort gênant pour la plume du calligraphe. Les ኚ, ዟ, ጮ et ዤ manquant aussi dans la partie du manuscrit dont l'écriture est belle, c'est-à-dire depuis le commencement jusqu'à la page 358, j'ai cru pouvoir fermer la boucle de droite, qui est laissée ouverte dans les très-rares exemples qu'on trouve à la fin du volume. Ces deux légers rapprochements vers le goût moderne des Éthiopiens sont d'autant moins importants d'ailleurs, qu'ils affectent des lettres qu'on rencontre rarement. Je suis mécontent des caractères ኺ et ኼ ; mais ils sont si mal tracés et dans mes alphabets et dans le manuscrit nᵒ 83, qu'il m'a été impossible de les mieux modeler.

Les deux pages suivantes offrent l'ensemble du nouveau caractère éthiopien.

SYLLABAIRE GƐʽIZ.

GƐʽIZ 1ʳ.	KAʼIB 2ᵉ.	SALIS 3ᵉ.	RABɄ 4ᵉ.	ḤAMIS 5ᵉ.	SADIS 6ᵉ.	SABɄ 7ᵉ.
ሀ hạ	ሁ hu	ሂ hi	ሃ ha	ሄ he	ህ hị	ሆ ho
ለ lạ	ሉ lu	ሊ li	ላ la	ሌ le	ል lị	ሎ lo
ሐ ḥạ	ሑ ḥu	ሒ ḥi	ሓ ḥa	ሔ ḥe	ሕ ḥị	ሖ ḥo
መ mạ	ሙ mu	ሚ mi	ማ ma	ሜ me	ም mị	ሞ mo
ሠ ṣạ	ሡ ṣu	ሢ ṣi	ሣ ṣa	ሤ ṣe	ሥ ṣị	ሦ ṣo
ረ rạ	ሩ ru	ሪ ri	ራ ra	ሬ re	ር rị	ሮ ro
ሰ sạ	ሱ su	ሲ si	ሳ sa	ሴ se	ስ sị	ሶ so
ቀ qạ	ቁ qu	ቂ qi	ቃ qa	ቄ qe	ቅ qị	ቆ qo
በ bạ	ቡ bu	ቢ bi	ባ ba	ቤ be	ብ bị	ቦ bo
ተ tạ	ቱ tu	ቲ ti	ታ ta	ቴ te	ት tị	ቶ to
ኀ ḫạ	ኁ ḫu	ኂ ḫi	ኃ ḫa	ኄ ḫe	ኅ ḫị	ኆ ḫo
ነ nạ	ኑ nu	ኒ ni	ና na	ኔ ne	ን nị	ኖ no
አ -ạ	ኡ -u	ኢ -i	ኣ -a	ኤ -e	እ -ị	ኦ -o
ከ kạ	ኩ ku	ኪ ki	ካ ka	ኬ ke	ክ kị	ኮ ko
ወ wạ	ዉ wu	ዊ wi	ዋ wa	ዌ we	ው wị	ዎ wo
ዐ ʽạ	ዑ ʽu	ዒ ʽi	ዓ ʽa	ዔ ʽe	ዕ ʽị	ዖ ʽo
ዘ zạ	ዙ zu	ዚ zi	ዛ za	ዜ ze	ዝ zị	ዞ zo
የ yạ	ዩ yu	ዪ yi	ያ ya	ዬ ye	ይ yị	ዮ yo
ደ dạ	ዱ du	ዲ di	ዳ da	ዴ de	ድ dị	ዶ do
ገ gạ	ጉ gu	ጊ gi	ጋ ga	ጌ ge	ግ gị	ጎ go
ጠ ṭạ	ጡ ṭu	ጢ ṭi	ጣ ṭa	ጤ ṭe	ጥ ṭị	ጦ ṭo
ጰ pạ	ጱ pu	ጲ pi	ጳ pa	ጴ pe	ጵ pị	ጶ po
ጸ ẓạ	ጹ ẓu	ጺ ẓi	ጻ ẓa	ጼ ẓe	ጽ ẓị	ጾ ẓo
ፀ zạ	ፁ zu	ፂ zi	ፃ za	ፄ ze	ፅ zị	ፆ zo
ፈ fạ	ፉ fu	ፊ fi	ፋ fa	ፌ fe	ፍ fị	ፎ fo
ፐ pạ	ፑ pu	ፒ pi	ፓ pa	ፔ pe	ፕ pị	ፖ po

PRÉFACE.

CONSONNES VOCALISÉES EN DIPHTHONGUES.

ኰ kuạ	ኲ kuị	ኲ kui	ኳ kua	ኴ kue
ጐ guạ	ጒ guị	ጒ gui	ጓ gua	ጔ gue
ቈ quạ	ቊ quị	ቊ qui	ቋ qua	ቌ que
ኈ ḫuạ	ኊ ḫuị	ኊ ḫui	ኋ ḫua	ኌ ḫue

CARACTÈRES ADDITIONNELS EN AMARIÑÑA.

ሻ šạ	ሹ šu	ሺ ši	ሻ ša	ሼ še	ሽ šị	ሾ šo
ቻ cạ	ቹ cu	ቺ ci	ቻ ca	ቼ ce	ች cị	ቾ co
ኛ ñạ	ኙ ñu	ኚ ñi	ኛ ña	ኜ ñe	ኝ ñị	ኞ ño
ኻ ḳạ	ኹ ḳu	ኺ ḳi	ኻ ḳa	ኼ ḳe	ኽ ḳị	ኾ ḳo
ዣ jạ	ዡ ju	ዢ jị	ዣ ja	ዤ je	ዥ jị	ዦ jo
ጃ ja	ጁ ju	ጂ ji	ጃ ja	ጄ je	ጅ jị	ጆ jo
ጫ çạ	ጩ çu	ጪ çi	ጫ ça	ጬ çe	ጭ çị	ጮ ço

PRINCIPALES CONSONNES À DIPHTHONGUES USITÉES EN AMARIÑÑA.

ሏ	ሟ	ሯ	ሷ	ሿ	ቧ	ቷ	ቿ	ኗ	ዟ	ያ	ዷ	ጧ	ጯ	ጿ	ፏ
lua	mua	rua	sua	šua	bua	tua	cua	nua	zua	yua	dua	ṭua	çua	zua	fua

On écrirait en français :

loi   moi   roi   soi   choi   boi   toi   noi   doi   foi

SIGNES DE PONCTUATION.

Pour séparer les mots ፡ virgule ፣ point-virgule ፤ point ።

SIGNES DE NUMÉRATION.

፩	፪	፫	፬	፭	፮	፯	፰	፱	፲	፲፩	፳	፴	፵	፶	፷	፸	፹	፺	፻
1	2	3	4	5	6	7	8	9	10	11	20	30	40	50	60	70	80	90	100

፪፻	፲፻	፻፻	፲፻፻	፻፻፻
200	1,000	10,000	100,000	1,000,000

J'ai été fort embarrassé à choisir la meilleure forme du ፆ, car des calligraphes contemporains l'écrivent souvent comme un ፆ pourvu d'une *feuille* ḥamis sans pétiole, et quatre de mes alphabets, transcrits à Gondar par les meilleurs copistes, ont, au contraire, un ፆ avec la feuille ḥamis placée aussi à droite. Au reste, mon choix, conforme au temps des Quarañña, n'a pas été improuvé par ces mêmes écrivains. J'ai cru devoir réduire d'un septième la hauteur du ፆ dans toutes ses formes.

Dans le cas où la partie principale d'une lettre conserve sa forme à travers toutes les sept voyelles, j'ai tenu à faire varier ses contours légèrement, et toujours selon les modèles, afin de donner au nouveau type un peu de ce laisser-aller qui fait le charme des manuscrits.

Comme les noms propres des lettres (Hoy pour ሀ, Lawi pour ለ, etc.) sont aujourd'hui tombés en désuétude, je n'ai pas cru devoir les conserver dans le tableau précédent. Après les vingt-six lettres affectées des sept voyelles, et qui forment cent quatre-vingt-deux caractères, il y en a encore vingt, usitées aussi en gi'iz, et où quatre consonnes sont suivies de diphthongues en *u*. L'arrangement de ces caractères ne s'accorde pas avec celui des lettres précédentes, mais l'ordre employé ici est celui de tous mes alphabets, qui sont unanimes à cet égard.

Les quarante-neuf caractères suivants, usités pour les langues vulgaires de l'Éthiopie, sont appelés arabiñña, d'après l'idée erronée qu'ils sont tous nécessaires pour peindre les sons de la langue arabe. Le ሙ seul n'a que six formes à Gondar, où l'on n'admet pas le son du ሙ, remplacé toujours par un ሙ gi'iz. En Gojjam, au contraire, on entend et l'on écrit le son distinct du ሙ. A l'exception du ሙ, dont la forme paraît s'être bien modifiée depuis le temps de Ludolf, où on le dérivait plus immédiatement du ጠ, toutes les lettres arabiñña sont la reproduction de caractères propres à la langue gi'iz, et dont ils se distinguent par des appendices supérieurs. Je me suis donc contenté d'ajouter ces

PRÉFACE.

appendices, en modifiant ceux des lettres sadis d'après les conseils réitérés d'un calligraphe à Gondar. La lettre ጘ et la plupart des formes de ጴ et de ᎐ ont été choisies dans mon n° 41, en augmentant toutefois d'un cinquième la hauteur moyenne du ᎐. C'est d'après mes alphabets qu'on a dessiné les quinze autres lettres amariñña pourvues de diphthongues, et qu'on pourrait augmenter de quelques caractères encore moins usités. Je n'ai pas noté le lieu où j'ai trouvé la virgule ፧; quant au ፤, j'en ai choisi les modèles aux pages 319 et 321 de mon n° 83, où ce signe est usité tantôt comme virgule, tantôt comme point et virgule. Je voudrais lui conserver seulement ce dernier emploi. Le total des deux cent quatre-vingt-onze caractères gravés pour l'Imprimerie impériale pourrait s'augmenter de vingt et un autres, employés par les Tigray pour leurs rares transcriptions dans la langue vulgaire. De même en Šawa on a inventé sept formes pour le ḍ cérébral de la langue ilmorma.

Un registre, en soixante et seize feuillets in-folio, contient six de mes sept alphabets éthiopiens manuscrits, les divers détails sur les sites des caractères choisis comme modèles, les mesures que j'en ai faites, ainsi que les grands types tracés à l'encre de Chine, et précédés des détails nécessaires pour combiner les divers modèles. On y trouve aussi les modèles lithographiés, la suite des épreuves en fumés, et l'explication des corrections faites ainsi que leurs dates. J'ai déposé ce registre aux archives de notre Imprimerie impériale où il sera communiqué aux savants qui voudront vérifier ces travaux.

Les philologues ne peuvent pas s'accorder pour la transcription des mots orientaux en caractères latins. Dans mon système, j'ai employé un ạ pour rendre le son de la voyelle dans le mot anglais *but*; *u* a le son italien; *e* reproduit le plus souvent notre *é* fermé, mais se prononce aussi *ié*, ou comme un *é* précédé d'un *i* très-bref. Cette voyelle ḥamis devient même parfois un *i* bref, peut-être comme la lettre η des Grecs, sur laquelle on a tant discuté. Les lettres ḥ, q, ḫ, ʿa, ṭ, p, z représentent des sons étrangers au français, ainsi que la consonne ኸ -a̦, quand on la prononce bien, comme chez les Sémites du Tigray; w a le son bien connu en anglais.

Voici la valeur des lettres a̦ra̦bi̦ñña :

š est le *ch* français;	j̃ est un *j* français;
c ..... *c* italien devant *e*, *i*;	j ...... *j* anglais;
ñ ..... *gn* français;	c̦ ...... *t* mouillé et dur.
ḳ ..... *j* espagnol;	

J'ai tenu à rendre chaque son simple par une seule lettre, et à ne pas donner aux caractères latins des valeurs de position. Ainsi c conservera devant a, o et u le même son qu'il a en italien devant e, i; g sera toujours dur, etc. Le redoublement de nos lettres indique, comme en français, ce prolongement du son d'une consonne, que je n'ai malheureusement pas toujours noté dans mes études faites en Éthiopie, où ce redoublement n'est pas indiqué par l'écriture, ainsi qu'on le fait dans les autres langues sémitiques. C'est par une inadvertance, très-commune d'ailleurs en Éthiopie, que j'ai souvent mis A au lieu d'un A̦. Cette dernière lettre, de la forme gi̦'i̦z, commence les mots dans l'immense majorité des cas, et, dans cette position, le son de cette voyelle est le plus souvent plus ouvert qu'à l'ordinaire, ce qui explique le penchant des copistes à lui substituer un A rab'i̦. J'ai tâché de corriger partout cette faute dans la table des matières. J'ai supprimé le tiret (-) devant les voyelles initiales, parce qu'alors il n'y a aucune incertitude sur le caractère éthiopien qu'on a remplacé; il suffit, en effet, qu'une transcription systématique permette de remonter aux caractères originaux, que le savant préférera toujours. Il y a déjà plusieurs siècles que les lettres éthiopiennes ont quitté les Tigray pour fleurir chez les A̦mara. Or l'oreille de ces derniers confond ሀ et ሐ avec ኀ, ኸ avec ዐ. De toutes parts on confond ሰ et ሠ, cette dernière lettre n'étant déjà plus sacramentelle que dans le mot ንጉሥ ni̦guš « roi »

PRÉFACE.

et les termes qui en dérivent. Quant à ጸ et ዐ, ils sont tellement confondus, que j'ai renoncé à les distinguer dans la transcription. Au commencement de ce Catalogue, j'avais tenu à copier servilement l'orthographe des manuscrits, pour en montrer les variantes, et à écrire par exemple እስጢፋኖስ pour እስጢፋኖስ, tantôt ስርዐት ou ስርዓት, et tantôt ሥርዐት et ሥርዓት; vers la fin j'ai souvent abandonné cette méthode, qui peint bien, d'ailleurs, la confusion existante chez les Éthiopiens. On verra à la page 126 une remarque importante sur l'emploi du w et du y, car cette dernière lettre ne conserve pas toujours le son normal qu'elle présente dans le mot français *crayon*. Les préfixes gi'iz la et wa, ainsi que la préfixe amariñña ya ne sont pas détachées du mot qui suit, ainsi que je l'ai souvent écrit d'après la répugnance qu'on éprouve à mettre au milieu du mot la lettre majuscule par laquelle tout nom propre doit commencer. L'indulgence du lecteur excusera ces taches.

Il aurait été sans doute préférable de disposer tous mes volumes selon un ordre méthodique, et, par exemple, de décrire d'abord tous mes manuscrits de la Bible. Mais cette méthode ne satisfaisait pas aux exigences d'un catalogue, où l'on veut voir, avant tout, l'indication du contenu de chaque volume. J'ai donc simplement conservé les numéros de l'ordre d'acquisition, ce qui m'a permis de ne pas citer le même volume plusieurs fois; car on verra ci-dessous que les Éthiopiens ont rarement une idée d'ordre dans la suite de leurs transcriptions. La table des matières suppléera d'ailleurs en grande partie à la confusion qui résulte de ma méthode d'exposition. La description des n°s 194 et suivants a été faite en 1858; car ma collection a jusqu'ici continué à augmenter depuis mon retour en Europe.

Pour indiquer le format, c'est-à-dire la grandeur d'un volume, nos bibliographes se contentent de termes usuels mais très-vagues, puisque tel in-4° espagnol est plus petit qu'un grand in-8° français. D'ailleurs, notre terme *format* s'appliquerait mal à des manuscrits qui sont tous écrits in-folio, et dont les dimensions varient énormément, depuis mes n°ˢ 41 et 55, qui sont du plus grand format, jusqu'au n° 82, qui est le plus petit. J'ai donc préféré donner plus rigoureusement la dimension de chaque manuscrit en nombres ronds indiquant des centimètres, et où le premier chiffre désigne la longueur, et le second la largeur du volume fermé. Le nombre des feuillets donne une idée suffisante de l'épaisseur. Ainsi, le n° 83 est long de 44, et large de 38 centimètres. Les très-petits volumes, comme le n° 95, sont nommément mesurés en millimètres; les deux Kitab ou Charmes le sont en mètres et fractions de mètre; car ces bandes écrites sont enroulées en *volumen* antique.

Le titre donné à chaque numéro est celui de l'un des ouvrages les plus importants que renferme le volume. J'ai quelquefois inventé un titre, quand il n'était exprimé ni dans le prologue, ni dans l'épilogue. Les noms propres, ceux de saints surtout, ont été transcrits avec toutes les altérations de l'insouciance africaine, et je les ai rarement traduits; pour établir d'ailleurs une synonymie complète, il faudrait quelquefois toute une dissertation qui dépasserait les bornes d'un catalogue. Par mégarde, j'ai mis çà et là Jacob, au lieu du nom plus familier de Jacques.

L'usage des termes de relation oblige à dire ici quelques mots sur la partie matérielle des manuscrits éthiopiens. A moins de mention expresse, ils sont tous écrits sur parchemin et cousus avec des nerfs qui aboutissent à des planches épaisses de bois de ፨ wanza, plus rarement de ወይራ wayra ou olivier sauvage. Par économie, les planches sont quelquefois en mas ou peau de vache épaissie, plutôt que tannée, par un long séjour dans le lait caillé. Les plus beaux manuscrits sont sur parchemin de chèvre, quelquefois, peut-être, sur du véritable vélin, mais toujours préparé sans finesse. Pour les manuscrits plus communs et plus petits, ou qui sont destinés aux étudiants, on emploie ordinairement le parchemin de mouton, qui est plus lisse, plus mince et beaucoup plus cassant. La reliure est complétée en couvrant le manuscrit avec du maroquin arabe, dit ባር፡አረብ bar arab, ou du maroquin d'Éthiopie, dit ባር፡ተንቤን bar tanben. Ce dernier, moins beau d'abord, se détériore moins en vieillissant. Le cuir, ramené sur trois côtés dans l'intérieur de la planche, est collé de manière à y laisser un *carré*, qu'on garnit souvent de brocart, de soie rayée, ou même d'étoffe de coton. L'extérieur des planches est orné de fers à froid appliqués un à un, selon des dessins réguliers, et souvent avec assez de goût pour avoir excité l'admiration d'un des premiers relieurs de Paris. Au centre des carrés extérieurs est une croix latine imprimée par des fers spéciaux. Le dos du volume est sans ornements, et consiste en une épaisseur de peau qui touche mollement les ፕራዝ cahiers de parchemin formés ordinairement de cinq doubles feuillets.

Le volume s'enferme dans un ማኅደር mahdar, ou étui où il entre en glissant; on l'y assujettit par la patte qui forme le sixième côté du parallélipipède de l'étui, et dont on fait entrer le bout à l'intérieur quand l'ouvrage est pourvu d'un difat, mot qui dérive du verbe amariñña ደፋ *renversa*. Le difat sert à fermer, en la recouvrant, l'entrée du mahdar, et on l'assujettit par deux ou trois doubles queues formées de plusieurs lanières de maroquin rassemblées en un gros nœud. On engage un nœud dans l'autre pour fixer le difat au mahdar. De part et d'autre du difat, une échancrure laisse passer une lanière de peau molle, fixée au mahdar par des pattes, et qui permet de suspendre le volume dans une bibliothèque, ou de le transporter en passant la lanière au col en guise de sautoir. Peu de manuscrits ont tout cet attirail, de luxe chez nous, mais fort utile en Éthiopie, où les toits sont rarement imperméables à la pluie, et où le manque de ventilation et de propreté dans les maisons fait abonder la fumée, la poussière et la vermine de toute espèce.

Après le pêle-mêle de ce catalogue, une table des matières était indispensable. Les numéros qu'on y trouve sont ceux des manuscrits de ma collection. Ici encore je me suis départi de la pratique de mes devanciers, et j'ai classé les ouvrages, même incomplets, sous le nom qu'on leur donne en Éthiopie même. J'ai transcrit d'après la même règle les titres de trois manuscrits arabes qui font partie de ma collection. Il n'était pas possible, en effet, d'adopter une règle évidente et précise pour traduire les titres éthiopiens. Ainsi j'ai rendu le mot Sinkisar par *Vies des saints* (n° 1), *Recueil des Vies des saints* (n°ˢ 66, 98), *Abrégé des Vies des saints* (n° 163). Toutes ces traductions sont bonnes, mais aucune ne rend l'idée que les indigènes attachent au mot Sinkisar; car, pour eux et pour les savants d'Europe, il désigne *ce Recueil abrégé des Vies des saints qu'on lit dans les églises d'Éthiopie*. De même j'ai rendu le mot malk'i par « invocation, éjaculation, prose », et enfin « image »; cependant aucun de ces termes ne peint la forme singulière de cette effusion pieuse que les Éthiopiens appellent malk'i, et qui ressemble à une litanie personnelle. Ceux qui ont étudié l'éthiopien préféreront les titres indigènes, et, pour les autres curieux, il suffit d'apprendre ici qu'on trouvera les livres de la Bible aux n°ˢ 2, 3, 9, 16, 21, 22, 24, 28, 30, 35, 41, 47, 55, 57, 82, 95, 105, 111, 112, 117, 119, 122, 137, 141, 148, 149, 156, 157, 164, 173, 191, 195, 197, 202, 203, 204, 205, et que presque tous les autres ouvrages cités sont propres à l'Éthiopie. Du reste, j'ai tâché de faciliter les recherches en donnant la traduction des titres principaux en caractères français, et en tête de la description de chaque manuscrit. J'ai dû inventer quelques titres. Ainsi Tarikat désigne de courtes notes historiques; Dabdabe, mot amariñña, s'applique à une courte note, et surtout à une liste quelconque; Abinnat est un charme ou une formule magistrale. Sous le titre de Si'ilat, j'ai désigné les volumes où l'on trouve des figures. Le n° 185 contient un recueil de mots de la langue ilmorma, et quant à l'idiome amariñña, on en trouvera des exemples aux n°ˢ 26, 41, 101, 122, 137, 145, 154, 156, 157, 161, 172, 185, 186, 190, 201, 212, 217, 225, 227, 228, 229, 230, 231 et 233, ainsi que dans les Sawasiw. Mon Catalogue contient des notices sur environ six cents ouvrages différents, ou probablement plus des trois quarts de ceux qui existent encore en Éthiopie. L'incertitude de cette énumération provient de l'embarras qu'on éprouve à définir ce qu'on doit entendre par un *ouvrage* distinct. En la faisant, j'ai d'ailleurs compté comme ouvrage séparé chacune des principales divisions de la Bible.

J'ai tâché de mettre dans un *errata* la liste des fautes qui m'ont échappé à l'impression. On ne sait jamais bien faire ce modeste, utile et dernier chapitre; car, malgré toutes nos aspirations à la perfection, nul ne peut se flatter de l'atteindre en ce monde.

Paris, 19 janvier 1859.

Antoine D'ABBADIE.

CATALOGUE

RAISONNÉ

DE MANUSCRITS ÉTHIOPIENS.

N° 1. — ስንክሳር Sinkisar « Vies des Saints ».

37 sur 32; trois colonnes; 176 feuillets; reliure déchirée et usée; maḥdar commun en *mas*, ou peau préparée au lait.

Ce volume est la moitié du Maẓḥafa Sinkisar, dit vulgairement Sinkisar, et donne, à partir du mois de መስከረም maskarram, jusqu'à la fin de celui de የካቲት yakatit, les vies abrégées de tous les saints classées comme dans le recueil des Bollandistes, jour par jour, le plus souvent plusieurs dans un jour. Le Sinkisar, probablement compilé hors de l'Éthiopie, a été évidemment augmenté dans ce pays, car il contient plusieurs vies de saints éthiopiens, quoique probablement il ne les renferme pas toutes.

Cet exemplaire, sur beau parchemin un peu fatigué, est d'une écriture moderne. Les mois sont séparés par des demi-feuillets en blanc. L'ouvrage commence par une colonne qui fait mention de son premier possesseur et du don qu'il en a fait à Notre-Dame Marie; viennent ensuite deux pages copiées probablement au ይድግዎቱ ፡ አበው; les 176 feuillets du Sinkisar viennent ensuite. Le nom de ce livre dérive évidemment de συναξάρια, ou recueil d'actes.

N° 2. — ፬ ወንጌል Arba'itu Wạngel
« Les quatre Évangiles ».

29 sur 26; deux colonnes; 162 feuillets; reliure un peu fatiguée; maḫdạr de mas.

1. 4 feuillets et un quart consacrés à cette singulière concordance, ou table de matières dite en Éthiopie ሰንጠረጅ sạnṭạrạj ou « échiquier », et mentionnée par saint Jérôme dans sa Lettre à Damasus.

2. Une colonne de préambule.

3. 4 feuillets de cette préface nommée መቅድመ ፡ ወንጌል Mạqdimạ wạngel, et que beaucoup de professeurs éthiopiens regardent comme canonique, malgré le dogme singulier qu'ils en déduisent.

4. 154 feuillets consacrés aux Évangiles et écrits dans une belle écriture moderne. Chaque Évangile est terminé par une courte notice sur l'évangéliste.

N° 3. — ዳዊት Dawit « Livre des Psaumes ».

19 sur 13; relié avec carreaux de damas jaune; dos recousu; deux vieux étuis; 128 feuillets, dont 1 blanc.

1. Psaumes au nombre de cent cinquante et un (en général, on les divise en cent cinquante, le dernier étant le psaume oriental); 96 feuillets.

2. Cantique des prophètes; prières de Moïse, d'Anna, mère de Samuel, du roi Ézéchias, du prophète Mịnase; 5 feuillets.

3. Prières de Jọnas, de Daniel, des trois enfants, d'Habacuc, d'Isaïe, de Notre-Dame Marie, de Zacharie; 6 feuillets.

4. Cantique des cantiques (la dernière page est effacée); 6 feuillets.

5. Widdase Maryam « Louanges de Marie » (sur deux colonnes); 13 feuillets.

6. Titre de vente de propriété; 1 feuillet.

N° 4. — አርጋኖን Arganon « Orgue ».

17 sur 16; deux colonnes; reliure fatiguée; maḥdar de mas; 160 feuillets.

1. 4 feuillets, probablement extraits du Igziar nags et consacrés à Tadamo.

2. 142 feuillets du Arganon ou Recueil de louanges de la Sainte Vierge. Cet ouvrage, composé dans un style fleuri vers le XVI° siècle, a été suffisamment décrit par Ludolf. Depuis une vingtaine d'années, il n'est plus comme jadis le vade-mecum de tout dévot en Éthiopie; car on lui préfère l'Évangile de saint Jean, le plus complet, dit-on dans ce pays, le plus tendre et le plus spirituel des quatre Évangiles.

3. 7 feuillets et demi de louanges à Dieu par Mar Falaskinos.

4. 6 feuillets de la prière à Marie dite Akonu bi-isi.

5. 1 feuillet ayant : 1° une prière magique contre les voleurs; 2° charme pour guérir la morsure des serpents.

N° 5. — ውዳሴ፡ እምላክ Widdase Amlak « Louanges de Dieu ».

24 sur 21; deux colonnes; demi-reliure usée et piquée des vers; maḥdar et difat antiques et usés; 130 feuillets.

1. Ceci est le nom vulgaire de cet ouvrage, bien commun en Éthiopie. Le préambule, qui, selon l'us de la littérature éthiopienne,

donne toujours le titre de l'ouvrage, dit : **ስእለት ፡ ወአስተብ ቁዓት**[1] **፡ እንተ ፡ ነበበ ፡ ባቲ ፡ ቅዱስ ፡ ባስልዮስ**, etc. c'est-à-dire : Prières et supplications proférées par saint Basịlyos, évêque de Qiṣarya (saint Basile de Césarée). Cet ouvrage de piété est, comme le Arganon, divisé par journées, à partir du dimanche. Celle du lundi est aussi de saint Basile; celles du mardi et du mercredi sont par Éfrem le Syrien; jeudi est par le vieillard religieux **መንረሳዊ** saint Jean; vendredi par le père Sinoda; samedi par l'évêque Atịnatewos d'Alexandrie, qui a extrait cette prière des hymnes coptes. Dimanche, enfin, est par Cyrille **ቄርሎስ**, patriarche d'Alexandrie. Les sept journées de prières comprennent 125 feuillets.

2. Viennent ensuite 5 feuillets de Mar Fạlạskinos, déjà mentionné.

N° 6. — **አዕማደ ፡ ምሥጢር** A'ịmadạ miṣṭir
« Colonnes de mystère ».

13 sur 9; deux colonnes; broché en planches; maḥdạr de mas; 62 feuillets; incomplet à la fin.

Ce volume est écrit en Gojjam, ainsi qu'on le voit par la substitution des **ጸ** aux **ጠ** et par le large usage de lettres étrangères à l'alphabet amariñña de la capitale, où l'on aime mieux écrire les diphthongues en u, comme nous le faisons en Europe, c'est-à-dire en ajoutant un **ው** (u ou w), tandis que les gens du Gojjam modifient la forme de la consonne qui précède la diphthongue. Quelques-unes de ces lettres sont d'une forme très-étrange et peu compréhensibles, même pour les mạmhịran (professeurs) de Gondạr.

[1] Le **ቀተ** est sans doute oublié dans ce mot.

Le langage employé dans ce volume est ce mélange bizarre d'amariñña et de gi'iz usité par les mạmḥirạn, qui sont tellement préoccupés de la langue sacrée, qu'ils affublent souvent un verbe gi'iz d'une conjugaison de la langue vulgaire pour expliquer une de leurs incessantes citations de la Bible ou des Pères de l'Église.

1. 4o feuillets du ምሥጢረ ፡ ሥጋዌ Misṭira sigae ou « Mystère de l'Incarnation », et l'une des cinq divisions de l'ouvrage appelé ፭ አዕማደ ፡ ምሥጢር ou les Cinq colonnes de mystère. On explique ici longuement l'Incarnation, en citant les avis des SS. Pères.

2. 23 feuillets du livre dit ici ኻወይ ስነ ፡ ፍጥረታት ou Vingt-deux beautés de la création. Cet ouvrage, appelé communément Sịnạ fịṭrạt, est ici incomplet vers la fin. C'est une amplification de l'histoire de la création.

N° 7. — አርድእት Ardị-ịt « Disciples ».

12 sur 10; une colonne par page; broché en planches; vieux maḫdạr; 84 feuillets.

1. Ardị-ịt est ce que les mạmḥirạn appellent le pluriel des pluriels de ረድእ, dont አርዳእ est le pluriel ordinaire. Le préambule appelle cet ouvrage ነገረ ፡ ቅዱሳን ፡ ፲ወ፪ አርድእት ou Discours des douze saints disciples, tels que le Seigneur les leur adressa. Cet ouvrage guérit, dit-il, de toute espèce de maladies; les Fạlạšạ ou juifs d'Éthiopie le lisent aussi bien que les chrétiens, et cela, bien que le nom de Notre-Seigneur Jésus-Christ y soit mentionné comme donnant des conseils à ses douze disciples et leur expliquant ses noms Dimna-el, Adna-el, etc. dont les terminaisons en ኤል sembleraient indiquer l'origine hébraïque, aujourd'hui défigurée par l'insouciance des copistes éthiopiens. La croyance aux noms mystiques de Dieu qui règn dans tout ce livre ferait croire à son origine juive modifiée par quelque chrétien ignorant. Plusieurs Éthiopiens rejettent cet ouvrage comme absurde.

2. Les 13 derniers feuillets sont consacrés au ፀሎተ ፡ ሙሴ: prière de Moïse très-efficace en tout temps, puisqu'elle fit périr, par une grêle du Très-Haut, cent quarante rois et des ennemis en nombres tels qu'ils sont exprimés par six séries de nombres dont une seule équivaut au chiffre 3 suivi de quinze zéros.

N° 8. — መጽሐፈ ፡ ግንዘት Maẓḥafạ ginzạt « Livre pour ensevelir (prières pour les morts) ».

26 sur 23 ; deux colonnes; planches mi-couvertes des restes d'une reliure économique sans étui; 80 feuillets; écriture du Tigray (où je l'ai acheté), ou, dans tous les cas, fort mauvaise et moderne.

Cet ouvrage indique par extraits, ou en renvoyant aux originaux, les passages des Saintes Écritures qu'il faut lire pour un chrétien défunt; il donne ensuite des services spéciaux pour les prêtres, les diacres, les moines, les jeunes gens, les enfants, les religieuses, les grandes femmes, les femmes mortes en couches, les filles. Viennent ensuite les prières pour les troisième, septième et douzième jours après le décès; d'autres, pour les époques de trente, quarante, soixante et quatre-vingts jours après la mort. Ce volume renferme environ la moitié du livre funéraire ordinaire; on le nomme souvent የፍትሐት ፡ መጽሐፍ ou Livre d'absolution, le but de sa lecture étant de faire pardonner les péchés du défunt.

N° 9. — ሐዲሳት Ḥaddisat « Nouveaux (écrits) ».

24 sur 21; deux colonnes; broché en planches; vieux maḫdar et difat; 168 feuillets, dont 3 blancs.

Ḥaddisat, ou « les Nouveaux », désigne en Éthiopie toute cette partie du Nouveau-Testament qui, chez nous, suit les quatre Évangiles; on l'appelle aussi ፬ ሐዲሳት ou les Quatre nouveaux écrits, parce qu'on subdivise cet ouvrage en quatre sections principales : Lettres de saint Paul, Lettres des autres apôtres, Actes, et Apocalypse.

1. Première Épître aux Romains ገብ ፡ ስብእ ፡ ሮሜ; 15 feuillets divisés en quarante sections.

2. Première Épître aux Corinthiens ገብ ፡ ስብእ ፡ ቆሮንቶስ; 15 feuillets divisés en vingt sections.

3. Première Épître aux Corinthiens ገብ ፡ ስብእ ፡ ቆሮንቶስ; 9 feuillets divisés en huit sections.

4. Première Épître aux Galates ገብ ፡ ስብእ ፡ ገላትያ; 5 feuillets divisés en quatre sections.

5. Première Épître aux Éphésiens ገብ ፡ ስብእ ፡ ኤፌሶን; 4 feuillets divisés en quatre sections.

6. Première Épître aux Philippiens ገብ ፡ ስብእ ፡ ፊልጵስዩስ; 3 feuillets formant une section.

7. Première Épître aux Colossiens ገብ ፡ ስብእ ፡ ቄላስይስ; 3 feuillets divisés en deux sections.

8. Première Épître aux Thessaloniciens ገብ ፡ ስብእ ፡ ተስሎንቄ; 3 feuillets formant une section.

9. Deuxième Épître aux Thessaloniciens ኃበ ፡ ሰብአ ፡ ተሰሎንቄ; 1 feuillet divisé en deux sections.

10. Première Épître à Timothée ኃበ ፡ ጢሞቴዎስ; 4 feuillets divisés en quatre sections.

11. Première Épître à Timothée ኃበ ፡ ጢሞቴዎስ; 3 feuillets.

12. Première Épître à Titus ኃበ ፡ ቲቶ; 1 feuillet.

13. Première Épître à Philémon ኃበ ፡ ሰብአ ፡ ፊልሞና; 1 feuillet.

14. Première Épître aux Hébreux ኃበ ፡ ሰብአ ፡ ዕብራውያን; 11 feuillets divisés en dix sections.

15. መጽሐፈ ፡ ግብረ ፡ ልዑካን Livre des Actes des Envoyés; 37 feuillets divisés en soixante-sept sections.

Ce sont les Actes des Apôtres, plus connus sous le nom de ግብረ ፡ ሐዋርያት, et rarement nommés አብረክሲስ (ابرکسیس a πράξεις). Cette division est la plus fatiguée dans ce volume, parce que les enfants apprennent à lire dans les Actes des Apôtres.

16. ቀዳሚት ፡ መልእክተ ፡ ጴጥሮስ Première Épître de saint Pierre; 4 feuillets divisés en quatre sections (ክፍል).

17. ዳግሚት ፡ መልእክተ ፡ ጴጥሮስ Deuxième Épître de saint Pierre; 3 feuillets.

18. መልእክተ ፡ ዮሐንስ Première Épître de saint Jean; 5 feuillets divisés en cinq sections.

19. መልእክተ ፡ ዮሐንስ Deuxième Épître de saint Jean; demi-feuillet.

20. መልእክተ ፡ ዮሐንስ Troisième Épître de saint Jean; demi-feuillet.

21. **መልእክተ ፡ ያዕቆብ** Épître de saint Jacques; 3 feuillets divisés en quatre sections.

22. **መልእክተ ፡ ይሁዳ** Épître de saint Jude; 1 feuillet.

23. **ቀለምሲስ** Apocalypse; 18 feuillets divisés en cinquante-huit repos (**ምዕራፍ**).

Tout ce volume est très-fatigué; son parchemin moderne est plein de trous et de coutures.

N° 10. — ውዳሴ ፡ አምላክ Widdase Amlak
« Louanges de Dieu ».

25 sur 22; relié; maḫdar commun; deux colonnes; 143 feuillets, dont 2 blancs.

1. **ሥርዓተ ፡ ማኅበር**, etc. Règle de l'assemblée des religieux prescrite par l'ange du Seigneur à Abba Paku̯i̯mi̯s; 5 feuillets.

2. Wi̯ddase Amlak (voy. n° 65).

3. Prière dont le commencement manque; 2 feuillets mal écrits et rapportés au volume par deux fils.

N° 11. — ግብረ ፡ ሕማማት Gi̯bra̯ hi̯mamat
« Actes de la Passion ».

35 sur 31; reliure un peu fanée; maḫdar; trois colonnes; carrés de coton rouge à palmes blanches; manuscrit en parfait état.

1. Prologue et un feuillet blanc; 3 feuillets.

2. Service du dimanche soir; 9 feuillets.

3. Service du lundi; 15 feuillets.

Les sous-divisions de ces services sont pour : une heure (primes), trois heures (matines?), six heures, neuf heures (nones), onze heures (matines); une heure, trois heures, six (ou sept) heures, neuf heures et onze heures.

4. Service du mardi (une heure, trois heures, six heures, sept heures, neuf heures, onze heures du matin ጽባሕ; trois heures, six heures, sept heures, neuf heures, et soir); 15 feuillets.

5. Service du mercredi; 12 feuillets.

6. Service du jeudi ጸሎት ፡ ሐሙስ (prière du jeudi), nom qui équivaut à notre Jeudi saint; 27 feuillets.

Deux colonnes de la dernière page sont en écriture petite et très-serrée, mais nette.

Ce service comprend, comme chez nous, le lavement des pieds et en outre le መጽሐፈ ፡ ዶርሆ ou Livre du coq. Comme cette singulière partie du service n'existe peut-être pas dans d'autres églises, il est bon d'en dire quelques mots.

Aussitôt après la sainte Cène, Akrosina, femme de Simon le Pharisien, apporta un coq rôti dans un pot, le mit sur un joli plat et le posa devant notre Sauveur... et Jésus lui rendit la vie en le touchant et l'envoya épier Judas dans Jérusalem; il lui donna aussi la voix humaine. Et Rigrimt, femme de Judas, l'envoya aux Juifs... Le coq assista au marché conclu par Judas et s'en alla l'annoncer à Jésus, qui, après l'avoir écouté, l'envoya monter en volant jusqu'au ciel pendant dix mille ans... Ensuite vient l'histoire de la Passion entremêlée de quelques variantes étrangères à l'Évangile. Saül, Yodnan et Alexandre sont parmi les persécuteurs de Notre-Seigneur, etc.

7. Service du Vendredi saint; 60 feuillets.

8. Service du Samedi saint ቅዳሜ ፡ ሹር, c'est-à-dire : Samedi destitué; 28 feuillets.

Je suppose que ce service commence avec l'Apocalypse, qu'on lit à très-haute voix, et qui occupe ici 11 feuillets. La séparation des services des vendredi et samedi n'est pas clairement montrée ni ici, ni dans le n° 12, où d'ailleurs on a indiqué l'Apocalypse sans l'insérer.

9. Service du jour de Pâques ሰንበተ ፡ ትንሣኤ, ou Sabbat de la Résurrection; 11 feuillets.

Ce volume est du temps des Quarạñña, car il offre le ቃ à tige ployée vers le bas, et qui semble caractériser cette époque.

N° 12. — ግብረ ፡ ሕማማት Gibrạ ḥimamat
« Actes de la Passion ».

41 sur 35; trois colonnes; maḫdạr simple; vieille reliure; carrés de brocart; parchemin troué et cousu, ce qui montre sa date moderne; écriture guilḥ ou « grosse »; 184 feuillets.

Ce livre et le numéro précédent correspondent à celui que nous nommons Semaine sainte. Il contient les offices de l'Église pour cette époque.

1. 4 feuillets, dont le deuxième contient les cinq premières colonnes de l'ouvrage, lesquelles sont répétées plus loin.

2. Service de l'Église commençant à la soirée du dimanche des Rameaux (ሆሰዕና); 11 feuillets.

3. Service du lundi; 18 feuillets.

4. Service du mardi; 17 feuillets.

5. Service du mercredi; 16 feuillets.

6. Service du Jeudi saint; 18 feuillets.

7. Service du Vendredi saint (ዐርብ ፡ ስቅለት), y compris l'Adoration de la Sainte Croix; 50 feuillets.

8. Service du Samedi saint; 21 feuillets.

9. Service du jour de Pâques ሰንበት ፡ ትንሣኤ, ou Sabbat de la Résurrection; 18 feuillets.

10. ድርሳን ፡ ፈያታዊ Homélie sur le larron, etc. 11 feuillets.

N° 13. — ቅዳሴ Qiddase « Missel ».

18 sur 17; deux colonnes; maḫdar et difat; reliure fatiguée; 142 feuillets.

1. Extraits divers et peinture de saint Georges; 4 feuillets.

2. ኪዳን ፡ ነግህ ou Matines; 15 feuillets.

3. ሥርዓተ ፡ ቅዳሴ ፡ ከመ ፡ ሥርዓተ ፡ አበዊን ፡ ግብፃውያን Ordre de la messe selon l'ordre de nos Pères les Coptes; ceci correspond à l'Ordinaire de la messe; 21 feuillets.

4. አኰቴተ ፡ ቁርባን ፡ ዘሐዋርያት Actions de grâces pour la communion des apôtres; 9 feuillets.

5. አኰቴተ ፡ ቁርባን ፡ ዘእግዚእነ ፡ ኢየሱስ ፡ ክርስቶስ Actions de grâces pour la communion de Notre-Seigneur Jésus-Christ; 3 feuillets.

6. አኰቴተ ፡ ቁርባን ፡ ዘዮሐንስ ፡ ወልደ ፡ ነጎድጓድ Actions de grâces pour la communion de Jean, fils du tonnerre; 11 feuillets.

7. አኰቴተ ፡ ቁርባን ፡ ዘእግዝእትነ ፡ ማርያም Actions de grâces pour la communion de Notre-Dame Marie; 10 feuillets.

8. አኰቴተ ፡ ቁርባን ፡ ዘቅዱስ ፡ ያዕቆብ ፡ ዘሥሩግ Actions de grâces pour la communion de saint Jacques de Sirug; 7 feuillets.

9. አኰቴተ ፡ ቁርባን ፡ ዘቅዱስ ፡ ዲዮስቆሮስ Actions de grâces pour la communion de saint Dioscore; 2 feuillets.

10. አኰቴተ ፡ ቁርባን ፡ ዘቅዱስ ፡ ባስልዮስ Actions de grâces de saint Basile, évêque; 9 feuillets.

11. አኰቴተ ፡ ቁርባን ፡ ዘቅዱስ ፡ ቄርሎስ Actions de grâces pour la communion de saint Cyrille; 7 feuillets.

12. አኰቴተ ፡ ቁርባን ፡ ዘቅዱስ ፡ አትናቴዎስ Actions de grâces pour la communion du bienheureux et saint Athanase; 11 feuillets.

13. አኰቴተ ፡ ቁርባን ፡ ዘቅዱስ ፡ ዮሐንስ ፡ አፈ ፡ ወርቅ Actions de grâces pour la communion de saint Jean Chrysostome; 5 feuillets.

14. አኰቴተ ፡ ቁርባን ፡ ዘቅዱስ ፡ ኤጲፋንዮስ Actions de grâces pour la communion de saint Épiphane; 6 feuillets.

15. አኰቴተ ፡ ቁርባን ፡ ዘቅዱስ ፡ ጎርጎርዮስ Actions de grâces pour la communion de saint Grégoire; 3 feuillets.

16. አኰቴተ ፡ ቁርባን ፡ ዘ፫፻፲ወ፰ Actions de grâces pour la communion des trois cent dix-huit Pères (du concile de Nicée); 8 feuillets.

17. አኰቴተ ፡ ቁርባን ፡ ዘቅዱስ ፡ ጎርጎርዮስ Actions de grâces pour la communion de saint Grégoire; 6 feuillets.

En Éthiopie, tout missel complet doit contenir ces quatorze Services ou Propres des saints.

18. Plain-chant pour tous les jours de la semaine; 1 feuillet.

19. Plain-chant (ነዝ ፡ ወዕዝል) des saints et des martyrs; 1 feuillet.

20. Explications allégoriques des différentes parties d'une église; 3 feuillets.

N° 14. — ገድለ ፡ ጊዮርጊስ Gạdlạ Giyorgis « Vie de saint Georges ».

25 sur 22; deux colonnes; reliure commune bien conservée, avec dos surajouté; vieux maḥdar; écriture moderne sur beau parchemin, avec une figure représentant saint Georges; 189 feuillets.

1. Extraits des Évangiles de saint Jean et de saint Matthieu (mal écrits); 2 feuillets.

2. ገድለ ፡ ቅዱስ ፡ ማር ፡ ጊዮርጊስ ፡ ሰማዕት Vie du saint seigneur Georges, martyr, en trois chapitres; 39 feuillets.

3. ተአምረ ፡ ጊዮርጊስ Miracles dus à saint Georges; préambule; 4 feuillets.

4. ተአምረ ፡ ጊዮርጊስ Miracles dus à saint Georges; dix miracles; 15 feuillets.

5. ተአምረ ፡ ጊዮርጊስ Miracles dus à saint Georges (au lieu de 11 on a numéroté 5); huit miracles; 12 feuillets.

6. Suite de la Vie de saint Georges; 11 feuillets.

7. Invocation à saint Georges; 2 feuillets et demi.

8. Extrait de l'Évangile; 1 feuillet.

9. ገድለ ፡ ዜና ፡ ማርያም Vie de Nouvelle de Marie (sainte d'Éthiopie); 27 feuillets.

10. Invocation à Zena Maryam; 7 feuillets.

11. ድርሳነ፡ ሩፋኤል Homélie pour la fête de saint Raphaël par saint Jean Chrysostome; 20 feuillets.

12. ተአምረ፡ ሩፋኤል Miracles dus à saint Raphaël l'Archange; 35 feuillets.

13. Invocation à saint Raphaël; 4 feuillets.

14. Extrait de l'Évangile; 1 feuillet.

N° 15. — ሃይማኖተ፡ አበው Haymanotạ Abạw
« Foi des Pères ».

55 sur 31; trois colonnes; reliure fatiguée; maḫdạr en mauvais état; bas des feuillets endommagés par l'eau; beau parchemin et belle écriture du temps des Qwarañña ቋረኛ, qui, sous Iyasu le Petit, et sous l'impulsion donnée par la reine Mịntịwab, firent exécuter les plus beaux produits de la calligraphie éthiopienne; 275 feuillets.

1. Table des matières, dont le deuxième feuillet est interverti; 2 feuillets.

2. Extraits des opinions des Pères ou Docteurs de l'Église sur les points fondamentaux de la Foi chrétienne, en cinquante-huit chapitres; 239 feuillets.

3. Excommunications lancées par sept Pères contre les hérétiques; 29 feuillets.

4. ጦማረ፡ አትናቴሞስ Lettre à Athanase, laquelle tomba du ciel; 4 feuillets.

Il est remarquable que, dans la plupart des exemplaires du Haymanotạ Abạw écrits depuis Iyasu le Petit, on ait supprimé ou altéré les cinq passages qui établissent la double procession du Saint-

Esprit, ce qui prouve que, avant cette époque, on partageait la croyance de Rome sur ce dogme important.

N° 16. — ዘብሉይ ፡ ፳ወ፪ ፡ መጽሐፍ Za Bluy 22 maẓḥaf
« Vingt-deux livres du Vieux-Testament ».

25 sur 22; trois colonnes; maḫdar et difat communs; broché en planches; 133 feuillets, dont 3 blancs.

Ce volume, transcrit sur parchemin de mouton et d'une manière un peu irrégulière, a été écrit par le mamhir dont le fils me l'a cédé et offre quelques notes marginales pour l'explication des mots rares et des passages difficiles; mais plusieurs de ces notes ne sont que des abréviations difficiles à comprendre. L'écriture est de ce petit texte préféré par les étudiants.

1. ሄኖክ Livre d'Hénoch, soixante et seize sections; 25 feuillets.

2. ሆሴዕ Prophéties d'Osée, vingt-sept sections; 43 feuillets et demi.

3. አሞጽ Prophéties d'Amos, vingt-deux sections; 2 feuillets et demi.

4. ሚክያስ Prophéties de Michée, vingt sections; 2 feuillets.

5. ኢዮኤል Prophéties de Joel, onze sections; 1 feuillet.

6. አብድዩ Prophéties d'Abdias, trois sections; un tiers de feuillet.

7. ዮናስ Prophéties de Jonas, treize sections; trois quarts de feuillet.

8. ናሆም Prophéties de Nahum, onze sections; demi-feuillet.

9. **ዕንባቆም** Prophéties d'Habacuc, quatorze sections; trois quarts de feuillet.

10. **ሶፍንያስ** Prophéties de Sophonie, douze sections; 1 feuillet.

11. **ሐጌ** Prophéties d'Aggée, neuf sections; trois quarts de feuillet.

12. **ዘካርያስ** Prophéties de Zacharie, trente-neuf sections; 3 feuillets et demi.

13. **ሚልክያስ** Prophéties de Malachie, quatorze sections; 1 feuillet et demi.

14. **ኢሳይያስ** Prophéties d'Isaïe, cent sept sections; 23 feuillets.

Il y a aussi un grand nombre de **ምዕራፍ** ou repos qui enjambent sur les **ክፍል** ou sections.

15. **ምሳልያተ ፡ ሰሎሞን** Proverbes de Salomon, cinquante-trois sections; 9 feuillets.

16. **ተግሣጸ ፡ ሰሎሞን** Avertissement de Salomon, deux sections; 2 feuillets.

17. **ጥበበ ፡ ሰሎሞን** Sagesse de Salomon, vingt sections (au commencement seulement); 18 feuillets.

18. **ቃለ ፡ መክብብ** Ecclésiaste, deux sections (au commencement seulement); 4 feuillets.

Les livres de Salomon sont dans un tel désordre en Éthiopie et offrent des leçons si différentes, qu'un mamḥir de Gondạr me disait ne rien comprendre aux Salomons du Gojjam. Il n'est donc pas étonnant que le commencement du livre de la Sagesse, dans ce manuscrit, ne coïncide pas avec celui de nos Bibles (voir à cet égard le manuscrit n° 202); Hénoch est rejeté **አይቄጠረም** par les Éthiopiens.

19. ዳንኤል Daniel, dix visions (ራዕይ); 8 feuillets.

20. ጦቢ ፡ ሲራክ Ecclésiastique, quarante-quatre repos ምዕ ራፍ; 18 feuillets et demi.

21. ኢዮብ Job; 12 feuillets.

Il y a quinze sections et quelques repos dans les douze premiers chapitres seulement. Tout ce livre est chargé de corrections, notes et ratures, auxquelles j'en ai ajouté quelques-unes sous la dictée de mon mamhịr.

22. መሐልየ ፡ መሐልይ Cantique des cantiques; 2 feuillets.

N° 17. — ሰዓታት Sạ'ạtat « (Livre d') Heures ».

30 sur 26; reliure fatiguée et sans étui; parchemin et écriture guịlḥ des Quarañña; 164 feuillets; deux colonnes çà et là, mais généralement écrit, comme les psaumes, par versets dont chacun occupe une ligne.

1. Notes de dons; 1 feuillet.

2. መኃልየ ፡ ነቢያት ፡ ወጸሎተ ፡ ሙሴ Cantique des Prophètes et Prière de Moïse; 5 feuillets.

3. ጸሎተ ፡ ሐና, etc. Prières d'Anna, Ézéchias, Manassé, Jonas, Daniel, des trois enfants, d'Habacuc, d'Isaïe, de Notre-Dame Marie, de Zacharie, de Simon; 10 feuillets.

4. Sept prières de la nuit et du jour; 23 feuillets.

5. Prières de la troisième heure; 17 feuillets.

6. Prières de la sixième heure; 16 feuillets.

7. Prières de la neuvième heure; 16 feuillets.

8. Prières du soir; 15 feuillets.

9. **ጸሎተ ፡ ንዋም** Prières pour dormir.

10. Prières de minuit; 33 feuillets.

11. Prières diverses; 11 feuillets.

N° 18. — **ቅዱስ ፡ ቄርሎስ** Qiddus Qerlos « Saint Cyrille ».

21 sur 20; deux colonnes; demi-relié; une des planches raccommodée; maḥdar et difat communs; 144 feuillets.

1. 2 feuillets blancs n'ayant que quelques notes.

2. **ነገር ፡ ዘጸሐፈ ፡ ቄርሎስ ፡ ሊቀ ፡ ጳጳሳት ፡ ዘእለ ፡ እስክንድርያ ፡ ለቴዎዶስሮስ ፡ ንጉሥ ፡ በእንተ ፡ ርትዕት ፡ ሃይማኖት ፡ ዘበእ ግዚእነ ፡ ኢየሱስ ፡ ክርስቶስ**, etc. Discours écrit par Cyrille, patriarche d'Alexandrie, au roi Théodose, sur la vraie foi qui est par Notre-Seigneur Jésus-Christ, etc. Les titres rouges indiquent les extraits du Nouveau-Testament. — 66 feuillets.

3. **ግጸዌ ፡ ድርሳን ፡ ዘቅዱስ ፡ ቄርሎስ** etc. **ከመ ፩ ክርስቶስ** Exposé du Traité de saint Cyrille, patriarche d'Alexandrie, sur l'unité du Christ. Ce traité est sous forme de dialogue entre Paladios et Cyrille. — 38 feuillets.

C'est ici que se trouve le passage, célèbre en Éthiopie, sur lequel on se fonde pour admettre les trois naissances de Notre-Seigneur Jésus-Christ.

4. **ዘቴዎዶጦስ ፡ ጳጳስ ፡ አንቆራ ፡ ዘገላትያ ፡ ድርሳን ፡ ዘደረሰ ፡ በበዓለ ፡ ዮሐንስ** Traité composé par Théodotos, évêque d'Anqora en Galatie, lors de la fête de saint Jean l'Évangéliste dans Éphèse; 1 feuillet.

5. Traité fait par Cyrille à la même occasion; 1 feuillet.

6. Traité composé par Sawiros, évêque de Sinodon en Afrique; 1 feuillet.

7. Traité composé par Aqaqyos, évêque de Miliṭini en Arménie; 2 feuillets.

8. Traité fait par Yobanalyos, évêque de Jérusalem; 2 feuillets.

9. Traité composé par Riginos, évêque de Konstantinia en Qopros (Chypre?); 1 feuillet.

10. Traité fait par Cyrille, évêque d'Alexandrie; 2 feuillets.

11. Traité composé par Awsibyos (Eusèbe?), évêque d'Héraclée en Panṭos; demi-feuillet.

12. Traité fait par Tidoṭos, évêque d'Anqira en Galatie; 2 feuillets.

13. Traité fait par Farmon, évêque de Césarée en Cappadoce; un quart de feuillet.

14. Livre du concile écrit par tous les évêques à Jean, évêque d'Antioche; un quart de feuillet.

15. Traité fait par Cyrille, évêque d'Alexandrie, dans la maison de saint Jean-Baptiste; demi-feuillet.

16. Écrit adressé par Jean, évêque d'Antioche, à Cyrille, évêque d'Alexandrie; 1 feuillet.

17. Écrit de Cyrille à Jean, évêque d'Antioche; 2 feuillets.

18. Traité sur la vraie foi composé par Épiphane, évêque de Qepros; 3 feuillets et demi.

19. Traité sur l'explication de la sainte Trinité composé par Épiphane, évêque de Qepros; 1 feuillet.

20. Traité par Priqlos, évêque de Qezqos, écrit à Constantinople; 3 feuillets et demi.

21. Traité sur la croyance à la sainte Trinité par Sawiryanos, évêque de Gablon; 6 feuillets.

22. Traité sur la foi de saint Gorgoryos (Grégoire), évêque de Césarée; demi-feuillet.

23. Traité sur Malka Zedeq (Melchisedec) composé par saint Cyrille; 3 feuillets.

24. Autre traité sur Melchisedec par le même; 3 feuillets.

25. Sur les trois cent dix-huit saints évêques orthodoxes de Nicée; 2 feuillets.

26. Explication des mots difficiles de tout ce livre; demi-feuillet.

Enfin, un feuillet appartenant à un autre livre termine ce volume, qui, malgré le grand nombre de traités divers placés à la fin, est connu sous le nom de ቅዱስ ፡ ቄርሎስ ou Saint Cyrille. Cet exemplaire, écrit sur basane et orné de notes, me fut vendu par Gabra Hywat, aveugle, et l'un des meilleurs professeurs de Gondar. Il le savait tout entier par cœur, disait-il, et n'en avait plus besoin.

N° 19. — አረጋዊ ፡ መንፈሳዊ Aragawi manfasawi
« Vieillard spirituel ».

19 sur 18; deux colonnes; demi-relié; mahdar et difat communs; 215 feuillets.

Cet ouvrage est la traduction de celui que les Coptes connaissent sous le nom de شيخ الروحاني; il est consacré aux cénobites et a été proscrit par plusieurs évêques, tant en Égypte qu'en Éthiopie, ce qui n'empêche pas que, en ce dernier pays, il forme l'objet d'un enseignement particulier avec ማር ፡ ይስሐቅ et ፊልክስዮስ, sous le nom commun de መጻሕፍተ ፡ መነከሳት ou Livres des moines.

Mon exemplaire, d'une belle écriture raqiq, est soigneusement corrigé et pourvu de notes marginales; il a été un peu fatigué par le zèle des étudiants, et contient :

1. Notes religieuses; 1 feuillet.

2. Éjaculation à Marie et histoire de l'enseignement de l'ouvrage; 2 feuillets.

1° Georges le Syrien l'enseigna à Dimhoñ dabtara de Atronisa Maryam; les professeurs suivants sont dans l'ordre de leur succession : 2° Abba Gabra Madhin de Ṭana; 3° Acage Batra Giyorgis; 4° Abba Abranyus; 5° Qes Ate Walda Haymanot; 6° Abuna Muse apprit de Walda Haymanot les trente-trois traités et les quarante-huit épîtres. On voit par le nom de Batra Giyorgis que cet ouvrage est moderne, eu égard à l'Éthiopie.

3. መጽሐፈ ፡ እንተ ፡ አረጋዊ ፡ ጻድቅ ፡ መንፈሳዊ ፡ በእንተ ፡ ሀብታት ፡ አምላካዊት ፡ ወሕዋጼ ፡ ጸጋ, etc. Livre du vieillard saint (et) spirituel sur les dons divins et la visite de la grâce que Dieu envoie pour consoler lors des afflictions et pour le contentement des affligés, et sur les visions spirituelles, etc.

Le titre de chaque traité ድርሳን partiel fera mieux connaître cet ouvrage :

1. Sur l'éveil, la garde et l'éloignement de la paresse; 6 feuillets.

2. Sur l'intelligence de l'Esprit-Saint; 1 feuillet.

3. Sur les visions de l'esprit; 1 f.
4. Aspect du premier grade; 1 f.
5. Grade mitoyen; 2 feuillets.
6. Dernier grade; 4 feuillets.
7. Sur le démon de la luxure; 5 f.
8. Sur le démon de la malédiction; 3 feuillets.
9. Sur le démon de la colère; 2 f.
10. Sur la charité; 2 feuillets.
11. Sur les véritables visions spirituelles; 5 feuillets.
12. Sur ce qu'on accuse les saints Pères de n'être pas convenables; 2 f.
13. Sur les frères; 3 feuillets.
14. Sur la prière; 8 feuillets.
15. Sur la garde des pensées; 4 f.
16. Sur la mort mondaine et la vie éternelle; 3 feuillets.
17. Sur la beauté de la grâce divine; 1 feuillet.
18. Sur la connaissance des dons de Dieu; 1 feuillet.
19. Sur les mystères du monde nouveau; 2 feuillets.
20. Soleil des justes; 1 feuillet.
21. Admiration de la gloire de Dieu; 1 feuillet.
22. Sur le trois fois Saint; 3 feuill.
23. Sur les dons du Saint-Esprit; 6 feuillets.
24. Sur la douceur des consolations qui se mêlent aux cœurs de ceux qui aiment Dieu; 6 feuillets.
25. Sur la retraite: 3 feuillets.
26. Sur la vigilance et la prudence; 2 feuillets.
27. Sur la connaissance de la révélation du Christ; 3 feuillets.
28. Traité d'un frère parmi les frères; 2 feuillets.
29. Lettre du saint vieillard à son frère, qui lui demandait comment on peut supporter la pénitence; 7 feuillets.
30. Vision aperçue par un prêtre qui s'approchait des mystères divins; 1 feuillet.
31. Explication de la vision précédente ፍካሬ ፡ አእኰ ፡ ዘቀዳሙ ፡ 1 feuillet.
32. Calme de l'utilité de la vigilance; 2 feuillets.
33. Charité et amour de Dieu; 8 f.
34. በእንተ ፡ እንብቦ ፡ ዘአስተ ሐምሞ ፡ እግዚአብሔር Sur ce que dit(?) celui que Dieu a rendu malade, et comment il élève l'homme pour voir ce qui est sublime; 4 feuillets.
35. Vue de Dieu; 11 feuillets.
36. Penser à Dieu; 5 feuillets.
37. Première lettre du vieillard spirituel; 2 feuillets.

38. Deuxième lettre du vieillard spirituel; 2 feuillets.

39 et 40. Troisième et quatrième lettre; 3 feuillets.

41. Cinquième lettre; 2 feuillets.

42. Sixième lettre; 1 feuillet.

43 et 44. Septième et huitième lettre; 1 feuillet.

45. Neuvième lettre; 3 feuillets.

46. Dixième lettre; 3 feuillets.

47 et 48. Onzième et douzième (dite ici treizième) lettre; 1 feuillet.

49 et 50. Treizième et quatorzième lettre; 4 feuillets.

51. Lettre d'envoi (ፍናዌ); 2 f.

52. Seizième lettre; 2 feuillets.

53. Dix-septième lettre; 2 feuillets.

54, 55 et 56. Dix-huitième, dix-neuvième et vingtième lettre; 2 feuillets.

57. Vingt et unième lettre; 2 feuillets.

58 et 59. Vingt-deuxième et vingt-troisième lettre; 1 feuillet.

60 à 64. Vingt-quatrième à vingt-huitième lettre; 3 feuillets.

65 à 68. Vingt-neuvième à trente-deuxième lettre; 3 feuillets.

69. Trente-troisième lettre; 2 f.

70 et 71. Trente-quatrième et trente-cinquième lettre; 5 feuillets.

72. Trente-sixième lettre; 6 f.

73 à 76. Trente-septième à quarante-troisième lettre; 7 feuillets.

77. Quarante-quatrième lettre; 1 f.

78. Quarante-cinquième lettre; 8 f.

79. Premier traité sur les bases አርእስት du savoir; 6 feuillets.

80. Deuxième traité sans doute; 10 feuillets.

81. Troisième traité; 1 feuillet.

82. Lettre du vieillard à son frère par la chair; 1 feuillet.

83. Questions de son frère par la chair; 1 feuillet.

84. Commentaire sans préambule; 1 feuillet.

85. Conseils aux moines; 1 feuillet.

86. Éjaculation ou acte de foi à Dieu; 3 feuillets.

87. Un mawadis et un extrait de saint Jean Chrysostome; 1 feuillet.

Cet ouvrage contient quarante-neuf petits traités ድርሳናት et quarante-six lettres sur divers sujets ascétiques; quelques-uns d'entre eux sont traités de manière à laisser une assez libre carrière aux nombreuses interprétations hypothétiques des savants de l'Éthiopie.

N° 20. — **አፈ ፡ ወርቅ** Afa warq « Saint Jean Chrysostome ».

29 sur 27; trois colonnes; belle reliure soigneusement raccommodée; reliure du maḥdar usée; difat commun; beau parchemin et jolie écriture fine, des Quarañña probablement; 129 feuillets.

1. Extrait de géographie selon Ptolémée **በጥሊሞስ**; 2 feuillets.

2. Table des matières; 3 feuillets.

Dans cette table des matières, le commencement de chaque section est indiqué par le chiffre du feuillet, ce qui est rare dans les manuscrits éthiopiens; encore ici les chiffres ne s'accordent guère avec les feuillets et doivent se rapporter au manuscrit prototype du mien.

3. Explication de l'Épître du bienheureux et grand Paul aux Hébreux par le grand et saint Jean à la bouche d'or; 122 feuillets.

Tout ce texte est subdivisé en trente-quatre traités **ድርሳን** et trente-quatre exhortations **ተግሣጽ**; l'épilogue dit que cet ouvrage (traduit du grec en arabe) a été rendu en gi'iz par Habacuc **ዕንባቆም** et Michel en l'an de grâce 7015. C'est sans doute l'an du monde selon les Éthiopiens, c'est-à-dire l'an de grâce 1515, ou environ l'année 1523 de notre ère. Deux lignes plus bas, on dit l'an 1500 depuis la naissance de Notre Seigneur et Sauveur le Christ, et l'an 1239 de l'ère des Martyrs; mais les Éthiopiens, déjà très-négligents dans leurs textes, le sont encore davantage pour leurs chiffres.

4. Une notice sur notre Père saint Jean Chrysostome termine ce joli volume et occupe 2 feuillets.

N° 21. — **አሪት ፡ ዘዐእት** Exode.

17 sur 14; deux colonnes; broché en planches; sans étui; écriture guilḫ et informe; manuscrit en mauvais état, les feuillets étant mangés des vers, noircis par la fumée et souvent détachés par vétusté; 51 feuillets.

Ce manuscrit, acheté à un Falaša, commence par la formule sacramentelle de ces sectaires : **ይትባረክ ፡ እግዚአብሔር ፡ አምላክ ፡ ለኩሉ ፡ መንፈስ ፡ ወለኩሉ ፡ ዘሥጋ** Béni soit le Seigneur (ordinairement on ajoute ici « d'Israël ») Dieu de tout esprit et de toute chair!

1. Exode commençant par les mots **ዝውእቱ ፡ አእጽምቲሆሙ**, tandis que l'Exode du n° 22 a, comme tous les autres, **አስማቲሆሙ**. J'ignore si le mot **አእጽምት** a une signification particulière; mais il ne résulte pas moins du rapprochement ci-dessus que les Falasyan d'Éthiopie, qui prétendent avoir conservé la vraie foi de Salomon, n'ont cependant pas cette religion si scrupuleuse pour l'exactitude des textes qui distingue tous les Israélites. — L'Exode comprend 38 feuillets.

2. **ዘጎርጎርዮስ ፡ ነቢይ** de Grégoire prophète; 13 feuillets.

Cet opuscule est l'un de ceux qui n'existent en Éthiopie que chez les Falasyan; mais leurs traditions sont fort incomplètes sur la patrie de ce prophète et sur le siècle où il vécut. L'ouvrage commence par demander à Michel comment sera la mort. L'auteur croyait aux anges gardiens, puisqu'il fait suivre l'âme du juste par un ange qui en éloigne les mauvais esprits. Les bons anges disent : « Gloire à Dieu seul quatre fois saint (un chrétien d'Éthiopie aurait probablement dit *trois* fois) »... Dieu dit : « Mettez cette âme (juste) avec les émigrés (ou les Falaša, car ፈላስያን veut dire l'un et l'autre) qui ont émigré sur les monts et les collines »... Les mauvais anges ont des visages noirs et des charbons enflammés dans les mains... Et vint une flamme de feu comme une vague et frappa la mer et fit descendre l'âme (d'un mauvais roi) au dedans de la terre... Après la confession de cette âme royale, les anges lui disent : « Malheur à toi ! n'as-tu pas entendu la prédiction des prophètes et les commandements du Seigneur; n'as-tu pas connu ses miracles ? »... Je te rendrai tes propres œuvres »... Et Dieu dit : « Que cette âme reste parmi les méchants jusqu'au jour de la rétribution ».

Michel mène ensuite le prophète au séjour des justes plein de perles et brillant comme les étoiles et les lampes qui enlèvent les yeux dans des milliers de portes de saphir plus brillant que le soleil, lieu blanc comme l'argent... Ce lieu est plein de parfums qui réveillent les morts... C'est le jardin où étaient Adam et Ève... Puis Michel me montra le temple du tabernacle construit depuis l'antiquité dans le jardin au nom du Dieu saint... Il est fait d'émeraude et illumine le jardin... Et au milieu est une sorte de pierre verte ኅብረ ፡ ሰማይ... Des anges sous forme de pierres précieuses de roses ዕንቈ ፡ ጸጌ ፡ ፈሪ... Et j'entendis une musique joyeuse... Puis apparaît une femme vêtue de pourpre que l'œil ne peut contempler... C'est Jérusalem la céleste... Et sur le temple est écrit en latin ርማይስጥ (ou Romain) : « Voici la céleste Jérusalem qui donna sa tête pour la parole de Dieu... et pour[1] ceux qui ont méprisé le monde et se sont exilés dans les collines et cavernes, et pour les solitaires በሕታውያን qui ont servi Dieu ». Puis il décrit l'enfer, où... coule un fleuve de feu comme le fleuve d'Égypte...

[1] Ce *pour* n'est pas très-clair.

Les méchants y sont suspendus par les pieds, la tête en bas... Ils doivent rester ainsi éternellement... Et il ne reste des méchants que leurs os dans le feu, et Dieu leur crée une chair nouvelle qui rentre dans le feu pour être dévorée... Ce sont les rois de la terre (le texte semble dire : *tous* les rois)... Les langues des menteurs croissent et leurs poitrines s'élèvent au ciel, et d'autres souffrent un froid plus cruel que le feu pour avoir tenu les pauvres et les voyageurs dans le froid de la nuit et dans la gelée... Les parjures sont réduits à la longueur d'une palme... Les débauchés restent sur un pied, et leurs dents claquent... Les voleurs sont piqués par des serpents de feu... Les meurtriers de justes sont piqués par des serpents de feu à têtes de chiens, et des anges les tailladent avec des sabres de feu, tandis qu'ils sont pendus par les pieds... Les adultères tirent les charbons enflammés qui leur tombent dans la bouche... Celui qui meurt impénitent souffre éternellement...

Enfin, Gorgorios se trouve tout seul sur sa couchette dans sa caverne ወስተ ፡ በዓትየ ፡ ባሕቲትየ. Il écrit sa vision, l'envoie à toute la terre, et termine, d'abord par une prière, enfin par les dix commandements.

Je me suis étendu sur cet opuscule, afin que, en désignant ses parties les plus saillantes, les savants versés dans la littérature des Israélites puissent décider si de pareilles idées viennent de traditions rabbiniques, ou si elles sont nées chez les Fạlaša d'Éthiopie. Leur monachisme est certainement étranger aux doctrines juives. Le mot caverne በዓት semble indiquer que Gorgorios était un solitaire; car, en Éthiopie, les ermites affectionnent de pareilles demeures.

N° 22. — **ኦሪት ፡ ዘ፰ ብሔር** Orit za simmintu biher
« Huit livres du Pentateuque ».

45 sur 33; deux colonnes; reliure mal faite, mais en bon état; écriture guilḫ probablement antérieure au roi Libna Dingil, car la feuille du **ሉ** est privée de pétiole. L'encre est grasse et collante, le parchemin épais et mal choisi; 216 feuillets, y compris 4 feuillets blancs.

Le commencement de chaque livre est orné de ces arabesques coloriées dans le goût éthiopien qu'on croit aujourd'hui avoir été propres aux livres du fameux couvent de Bizen, mais qui probablement étaient un besoin du goût dominant en Éthiopie à une époque reculée. Quelques signes hiéroglyphiques, aujourd'hui inexplicables, se trouvent aussi dans ce volume, à la fin des livres.

En général, c'est pour le Pentateuque seulement qu'on emploie le mot **ብሔር** pays, comme synonyme de livre, peut-être parce que les différents livres sont censés écrits en pays différents.

1. **ኦሪት ፡ ዘልደት** Genèse; 46 feuillets.
2. **ኦሪት ፡ ዘፀዓት** Exode; 38 feuillets.

Ludolf a déjà fait la remarque que la fin de l'Exode était imparfaite, et cela est encore aujourd'hui notoire pour les Pentateuques des Falaša; mais c'est à tort que les chrétiens d'Éthiopie leur attribuent cette lacune, car elle paraît exister dans toutes les Bibles antérieures à Pierre Paez. Les mamhiran n'ont pas de tradition qui indique à quelle époque on a complété cette lacune que j'ai fait écrire au bas du texte dans le volume actuel. Elle commence au verset 9 du chapitre XXXVI, comprend tout le chapitre XXXVII, et finit au verset 9 du chapitre XXXVIII.

3. **ኦሪት ፡ ዘሌዋዊያን** Lévitique; 35 feuillets.
4. **ኦሪት ፡ ዘሞልቀ** (sic) Nombres; 31 feuillets.

5. **ኦሪት ፡ ዘዳግም ፡ ሕግ** Deutéronome; 34 feuillets.

Il manque au texte les versets 28 et suivants du chapitre IV et les huit premiers versets du chapitre V. Je les ai fait ajouter dans la marge, d'après un Pentateuque de feu Alaqa Walda Ab, célèbre professeur chrétien de Gondar.

6. **ኦሪት ፡ ዘኢያሱ** Josué; 19 feuillets.

7. **ኦሪት ፡ ዘመሳፍንት** Juges; 19 feuillets.

8. **ኦሪት ፡ ዘሩት** Ruth; 3 feuillets.

N° 23. — **ፊልክስዩስ** Filkasyus (*sic*).

25 sur 22; deux colonnes; reliure assez bien conservée; soie dans les carrés; vieux mahdar; beau parchemin; l'écriture du deuxième ouvrage de ce manuscrit est d'une main différente; 142 feuillets.

1. **አረጋዊ ፡ መንፈሳዊ**, déjà mentionné sous le n° 19.

Le préambule commence comme celui du n° 19, mais finit autrement, en disant : « Pour la consolation des ermites et pour leur contentement ». Cette variation ne doit pas étonner, puisque, en Éthiopie, il est très-rare de trouver deux manuscrits identiques. Les marges inférieures de huit feuillets ont été enlevées pour écrire des lettres, ce qui se fait souvent en Éthiopie, car il n'est pas toujours facile de s'y procurer du parchemin. Selon l'épilogue, cet ouvrage a été traduit de l'arabe en gi'iz nouveau par l'ordre de la parole du roi Libna Dingil. L'ouvrage est subdivisé, comme au n° 19, en trente-six traités, quarante-cinq lettres, et trois traités à la fin.

2. Table des matières de l'ouvrage précédent; 3 feuillets.

Cette table annonce le détail des chapitres **አርእስት** de l'ouvrage, qu'elle expose sous deux cent quarante-six titres, en confondant les traités et les lettres.

3. **ፊልክስዩስ** en deux cent quarante-six sections indiquées dans les marges; 73 feuillets.

Le titre de cet ouvrage est ainsi qu'il suit : **ዝመጽሐፍ ፡ ክፍል ፡ ቀዳሚ ፡ ዘእምተስእሎታተ ፡ ዜናሆሙ ፡ ለአባው ፡ መነከሳት ፡ ግብፃዊያን ፡ ወጸሐፎ ፡ ቅዱስ ፡ ፊልክስዩስ ፡ ሶርያዊ ፡ ኤጲስ ፡ ቆጶስ ፡ ዘመንበግ** Ce livre est la première division des questions sur les histoires des Pères religieux coptes, et il fut écrit par Filkisyus le Syrien, évêque de Manbag.

N° 24. — **ፍክሬ ፡ ቃላተ ፡ ወንጌላት** Fikare qalata Wangelat « Explication des paroles des Évangiles ».

23 sur 20; reliure déchirée; mahdar et difat reliés, mais sans fers et en mauvais état; deux colonnes; écriture fine et moderne; 293 feuillets, dont 8 blancs.

D'après une note initiale, ce commentaire des quatre Évangiles est dû à Denys **ዲዮናስዮስ**, évêque du pays d'Orient, et a été traduit du syriaque en arabe. L'écriture est très-serrée.

1. Préface de l'Évangile de saint Matthieu; 10 feuillets.

2. Explication de l'Évangile de saint Matthieu faite en l'année 1328 depuis Alexandre l'Ionien (Grec), laquelle concorde par quatre cents ans avec l'ère musulmane (l'auteur voulait dire chrétienne, ce semble, et alors ce commentaire serait écrit vers l'an 1000 de notre ère); 165 feuillets.

Cette explication est faite en gi'iz en citant le texte par un « Matthieu dit » **ይቤ ፡ ማቴዎስ** initial en rouge; la phrase ou portion de phrase est suivie par ይቤ ፡ መተርጉም aussi en rouge, c'est-à-dire : « le commentateur dit »; puis vient le commentaire.

3. Explication de saint Marc; 8 feuillets.

4. Explication de Luc l'Apôtre (sic); 48 feuillets.

5. Explication de Jean diseur de Divinité; 54 feuillets.

Selon l'épilogue, cet ouvrage fut traduit de l'arabe en gi'iz en l'an 1590 de l'ère chrétienne, c'est-à-dire la quinzième année du règne de Libna Dingil.

N° 25. — ሰዓታት Sa'atat « Heures ».

30 sur 27; deux colonnes, hormis les psaumes; belle écriture; reliure fatiguée; dos raccommodé; beau parchemin un peu fatigué. Une image de Notre-Dame est intercalée dans ce manuscrit.

1. Éjaculations probablement tirées du እግዚአር ፡ ንግሥ; 2 f.

2. ሰዓታት ou prières pour les diverses heures du jour; 144 f.

3. Même sujet qu'au n° 1.

N° 26. — ፈላስፋ Falasfa « Philosophe ».

21 sur 18; deux colonnes; broché et fortement atteint par l'incendie qui consuma la maison du Liq Aṭqu, son ancien propriétaire; 89 feuillets.

1. Extraits pieux; 3 feuillets.

2. ነገረ ፡ ፈላስፋ ፡ ጠቢባን Discours du philosophe des sages; 41 feuillets.

Cet ouvrage est un recueil de maximes extraites de divers auteurs; on y cite Siqraṭ (Socrate), Abraqṭ et Galinos (Hippocrate et

Galien), Afilṭon (Platon) et autres sages, dont les noms sont fort plaisamment défigurés.

3. ወግ ፡ ወሥርዓተ ፡ መንግሥት Us et coutumes du royaume; 16 feuillets.

Ce traité énumère les cérémonies prescrites à la mort du roi et à l'installation des grands fonctionnaires de l'État.

4. Traité en amariñña, expliquant les actions de grâces et l'Oraison dominicale; 4 feuillets.

5. Explication de l'Ave (ሰላም ፡ ገብርኤል); 1 feuillet.

6. Explication du Credo (ጸሎተ ፡ ሃይማኖት); 14 feuillets.

7. Coutumes de l'Église et son explication; 3 feuillets.

8. ጸሎተ ፡ እግዚእትነ ፡ ማርያም; 6 feuillets.

Prière attribuée à Notre-Dame sur le Calvaire, et plus connue en Éthiopie sous le nom de Saṇe Golgota.

N° 27. — ሰዋስው Sawasiw « Vocabulaire ».

13 sur 10; copié pour moi à Londres par un Éthiopien, sur le n° 160, mais en mettant le gïiz (appelé ici መጽሐፍኛ) et l'amariñña en deux colonnes distinctes pour faciliter les recherches; relié à Londres en cuir de Russie; étui de parchemin vert; 94 feuillets, dont 10 blancs.

N° 28. — ትርጓሜ ፡ ኦሪት Tirguame Orit
« Explication du Pentateuque ».

16 sur 15; deux colonnes; reliure de Falaša, sans croix par conséquent; point d'étui; petit volume d'une écriture médiocre mais moderne, et très-bien conservé; 86 feuillets.

Les savants d'Éthiopie disent que saint Jean Chrysostome avait commenté tous les quatre-vingt-un livres ፹ወ፩ መጽሐፍ, c'est-à-dire la Bible entière; mais ils ajoutent qu'on n'a traduit en gi'iz que l'explication de l'Épître de saint Paul aux Hébreux, et aucun d'eux n'avait jamais même entendu parler de celle du Pentateuque. Plusieurs Falaša n'en connaissaient pas l'existence. Mon manuscrit est donc rarissime.

On a gratté deux lignes des deux premières colonnes pour inscrire à la place la formule des Émigrés : « Béni soit le Seigneur Dieu d'Israël; au nom du Seigneur qui donne la vie..... » Explication du Pentateuque écrite par Yohannis à la bouche d'or (que son don soit avec nous!). On peut remarquer ici que le nom de Jean n'est pas précédé du titre de saint; ce qui induit à penser que ce livre n'a pas été transcrit par un chrétien.

1. Sur la Genèse; 36 feuillets.

2. Sur l'Exode; 16 feuillets.

3. Sur le Livre des Prêtres ከህናት; 11 feuillets.

4. መጽሐፈ ፡ ጐልቈ Nombres. Ici manque un demi-feuillet : la moitié restante n'est pas écrite au verso, mais la suite du texte n'est pas tronquée; demi-feuillet.

5. Deutéronome; 9 feuillets.

6. Sur Josué; 3 feuillets.

7. Histoire de Wanag Saggad, roi d'Éthiopie; 2 feuillets.

Cette histoire se termine à la bataille de ወይና ፡ ደጋእ Wayna dag-a, près Dambya, gagnée par Malak Saggad. Cet événement fixe approximativement la date de ce manuscrit.

N° 29. — ገድለ ፡ ነአኩቶ ፡ ለአብ Gadla Na-akuito la-ab
« Vie de Na-akuito la-ab (saint éthiopien) ».

16 sur 14; deux colonnes; demi-relié; mahdar commun; 1 et 2 sont d'écritures différentes; 104 feuillets, dont 2 blancs.

1. ድርሳን ፡ ማኅየዊ Traité du Vivificateur; 20 feuillets.

Je donne ce nom d'après un savant de Gondar. Le prologue, qui est fort long et sur deux rimes, termine en disant que le sujet est la passion de Notre-Seigneur.

2. Éjaculations et አክኑ ፡ ብእሲ ; ce dernier inachevé ; 3 feuillets.

3. ድርሳን ፡ ገብርኤል Traité sur l'ange Gabriel ; 11 feuillets.

4. Prose en l'honneur de saint Gabriel ; 5 feuillets.

5. Vie, pour la bonne nouvelle, de notre Père le roi des rois መከበ ፡ ነገሥት, de Na-akuito la-ab, saint et rose du rivage ; vie pareille à une colombe, à une mère qui fait grandir son enfant sur son sein, etc. 65 feuillets.

6. Prose en l'honneur de ce saint roi d'Éthiopie (d'une mauvaise écriture) ; 2 feuillets.

N° 30. — ብሉያት Bluyat
« Livres de l'Ancien-Testament ».

28 sur 26 ; trois colonnes ; dos de la reliure raccommodé ; maḫdar relié, mais très-vieux ; 201 feuillets.

Ce volume, bien conservé, m'a été vendu par le Falaša Abba Ahwan, qui a ajouté en tête et en encre rouge la formule initiale des livres de sa foi. Il contient :

1. Compte des espèces de céréales récoltées par diverses personnes dénommées. Les abréviations abondent dans cette note, qui occupe un quart de page.

2. መልክዐ ፡ ፬ እንስሳ Prose en l'honneur des quatre bêtes de l'Apocalypse ; 2 feuillets.

3. ሄኖክ Hénoch ; 43 feuillets.

4. ምሳልያተ ፡ ሰሎሞን Proverbes de Salomon; 17 feuillets.
5. ተግሣጸ ፡ ሰሎሞን Avertissement de Salomon; 3 feuillets.
6. ጥበበ ፡ ሰሎሞን Sagesse de Salomon; 15 feuillets.
7. መክብብ Ecclésiaste; 7 feuillets.
8. ኢዮብ Job; 23 feuillets.
9. ሆሴዕ Osée; 6 feuillets.
10. አሞጽ Amos; 5 feuillets.
11. ሚክያስ Michée; 4 feuillets.
12. ኢዮኤል Joel; 2 feuillets.
13. አብድዩ Abdias; 1 feuillet.
14. ዮናስ Jonas; 2 feuillets.
15. ናሆም Nahum; 1 feuillet.
16. ዕንባቆም Habacuc; 2 feuillets.
17. ሶፎንያስ Sophonie; 2 feuillets.
18. ሐጌ Aggée; 1 feuillet.
19. ዘካርያስ Zacharie; 7 feuillets.
20. ሚልክያስ Malachie; 3 feuillets.
21. ዳንኤል Daniel; 16 feuillets.
22. ኢሳይያስ Isaïe; 37 feuillets.
23. Extrait chronologique et liste de rois d'Éthiopie; 2 feuillets.

Le dernier de ces rois est le contemporain du ras Mikael, ce qui fixe l'époque où ce manuscrit a été écrit. Dans ce volume, les noms et les chiffres des sections, qui devaient être écrits en encre rouge, sont souvent laissés en blanc, ce qui est un malheur fréquent dans ce pays, où l'on ne trouve pas toujours de l'encre rouge.

N° 31. — ዮሐንስ ፡ መደብር Yoḥannis Mạdạbbịr
« Extraits historiques ».

37 sur 31; trois colonnes; broché en planches; maḫdạr et dịfat sans ornements, mais faits d'un cuir mince et rouge que je n'ai pas vu ailleurs; beau parchemin; belle écriture rạqiq; 180 feuillets.

1. Histoire de saint Antoine እንጠንስ, plus communément እንጦንዮስ; 16 feuillets.

2. በእንተ ፡ ጸሎቱ ፡ ለለንጊዮስ Sur la prière de Lạnginos; 1 feuillet.

3. Vie du Docteur Père Bạrsoma; 9 feuillets (dont le dernier est presque blanc).

4. Bạrạlam; 77 feuillets.

Cet ouvrage se dit une histoire morale apportée de l'Inde à Jérusalem par Yoḥannịs, saint religieux de Getemani. Il me paraît être un roman religieux, et existe en arabe chez les Coptes. L'épilogue applique à cet ouvrage le mot ገድል (au propre : combat) qui signifie la vie des saints, c'est-à-dire leur combat contre les tentations du monde; on applique ensuite le nom de saint à Ywasịf, l'un des personnages, et celui de docteur ሊቅ à Bạrạlam. L'ouvrage se termine en disant : « Il fut fini le samedi 30 nạhasë, l'an 7182 de l'ère des martyrs. » C'est sans doute l'âge du monde, c'est-à-dire vers 1690, ce qui doit être la date de la traduction en gịʽịz de ce roman religieux, qui renferme quelques situations forcées et surtout beaucoup de longueurs.

5. ዮሐንስ ፡ መደብር Yohannis Madabbir. Table de matières; 4 feuillets.

6. Compilation par Yohannis Madabbir, évêque ጰጰስ de Niqyus (*sic*); 57 feuillets.

Cet ouvrage est, selon le prologue, une compilation tirée des livres anciens depuis Adam jusqu'à Titu, reine des Ioniens (Grecs), et de l'Afrique አፍሪቅያ du temps de Romanos et de Romilos, rois de Rome, etc. par le vaillant Yohannis Madabbar (*sic*) (mot qui signifie fondateur) qui fut magistrat ሊቅ du pays de Naqyus, en Égypte, et qui est appelé Absay. L'ouvrage contient cent vingt-deux sections. Selon l'épilogue, ce livre fut traduit de l'arabe en giʿiz, en l'année 1602 de l'ère chrétienne, par un Éthiopien et un diacre copte, selon les ordres d'Athanase, général des armées d'Éthiopie. Quelques extraits traduits librement suffiront pour indiquer aux savants la valeur de cet ouvrage; je les ai tirés des notices sur l'Égypte.

« Fanus, fils du roi Bikus et surnommé Hirmis (Hermès?), régna dans l'Occident; c'était un orfèvre. Ses frères étant jaloux de ses richesses et voulant le tuer, il s'enfuit en Égypte avec tout son or. C'était un fameux prophète, et il donnait beaucoup aux Coptes. Qastos, qui régna ensuite, inventa les armes; car il était boiteux pour être tombé de cheval dans une guerre... Ensuite régna en Égypte Ayqas, surnommé Soleil; il bâtit Héliopolis..... Puis Matunawis bâtit en Égypte Buzir du nord et Buzir du sud. Suris ou Ablon bâtit Sumnud..... Plus tard on sema du blé pour la première fois..... Sasatrawos (Sésostris?) inventa les impôts et l'arpentage. Il remporta de grandes victoires; sous lui, on inventa les jardins et le labourage dans la Haute-Égypte, et il creusa le canal qui se nomme

Diḳa jusqu'aujourd'hui. Il eut pour successeur, en Égypte, Siwaken, roi de l'Inde, prince doux qui régna cinquante ans. Sous lui, on bâtit des villages sur des élévations artificielles... Et le roi Fa-awnjuyus abandonna le culte des idoles pour celui des génies አጋንንት, et fit trente temples dans Manuf et bâtit les Pyramides. Hercule (Hirqalus), philosophe de Tyr, inventa l'art de travailler la soie ».

« Du temps de Josué, fils de Nun, Awdikṭun régna sur l'Inde, qui fut alors affligée d'un énorme déluge partiel, d'où ce pays resta vide d'habitants pendant deux cent sept ans, selon l'historien Farkyanos. Moïse emmena les Juifs hors de l'Égypte sous Badisanyus, qui est le Pharaon Amusyus..... Moïse avait appris les mystères des sages de Manuf; c'est pourquoi on voulait le retenir en Égypte... Et le roi Abrusubida combattit les Barbar des cinq pays, nommés Fatanawyan... Le Nil se nommait Akrisuru, et il se porta vers l'ouest d'un pays et en fit une île... Et Abirya était roi en Égypte, et il résidait dans Ṭanbas et Manuf et Wiḥib et Sufiru..... Les Syriens détruisirent la ville de Manuf sous la conduite de Ḳamis, surnommé Nabukadanazor, qui pilla toute l'Égypte et la ville de Awin et tout le pays supérieur jusqu'à la ville de Iṣmun. Ilkad, fils du dernier roi d'Égypte, s'était réfugié en Nubie, d'où il sortit avec une grande armée d'Éthiopiens et de Nubiens, et il attaqua Ḳamis à Sarqa sur le Nil; mais celui-ci traversa le fleuve sans que les Éthiopiens pussent le suivre, et il détruisit les villes de Iṣmunin... de Ahif..... et ils semèrent partout le feu et la destruction, et l'Égypte resta déserte et livrée aux oiseaux du ciel.... Et Ḳamis emmena cinquante mille Égyptiens à Babylone, et ils y restèrent quarante années.... Et les villes d'Égypte furent rebâties par 'Sanufi (mot qui signifie bonne nouvelle). L'Égypte se repeupla alors si rapidement, qu'on y compta cinq cent mille hommes... et après la mort de ʿSạnuf (sic), l'Égypte resta de longues années sans roi, etc.

7. Vie de Sawiros, patriarche d'Alexandrie; 15 feuillets.

Ce traité est imparfait à la fin.

8. Foi des Pères, 1 feuillet intercalé après le 11ᵉ de Sawiros.

N° 32. — ገድለ ፡ ሳሙኤል Gạdlạ Samu-el
« Vie de saint Samuel ».

26 sur 32; broché sans planches; deux colonnes; beau parchemin et jolie écriture guịlh; les bords sont légèrement endommagés par les insectes; 90 f.

1. Prières; 2 feuillets.

2. Vie de saint Samuel; 87 feuillets.

Selon l'épilogue, ce manuscrit fut achevé l'an 1700 de notre ère.

3. L'un de ces charmes si communs en Éthiopie et si incompréhensibles; 1 feuillet.

N° 33. — ማር ፡ ይስሐቅ Mạr Yshaq « Le docteur Isaac ».

20 sur 18; maḫdạr et dịfat communs; reliure bien conservée; deux colonnes; beau parchemin; écriture baveuse; 131 feuillets, y compris 3 feuillets blancs.

1. Livre qui dit la parole de notre Père accompli, saint, spirituel et parfait docteur Isaac.

Cet ouvrage traduit, selon l'épilogue, de l'arabe en langue d'Éthiopie, comprend des conseils destinés aux moines, et divisés en trente-quatre portes እንቀጽ, ou titres.

N° 34. — መጽሐፈ ፡ ሐዊ Maẓḥafa Ḥawi « Livre de Ḥawi ».

34 sur 31 ; belle reliure assez bien conservée ; maḥdar et difat, offrant des modèles d'un genre de belle reliure rare en Éthiopie ; le parchemin est bien choisi, et l'écriture, qui est extrêmement nette, faisait l'admiration de tous les Éthiopiens ; la hauteur des lettres est de deux millimètres et l'espacement des lignes de trois millimètres et demi.

1. « Compilation tirée des livres saints et divins par le père et docteur Antiyakus, du monastère de Siq, à l'est de Jérusalem ; et il a nommé ce livre Ḥawi, et l'a fait à cause de la difficulté de transporter un grand poids de livres d'un lieu à un autre. » Table des matières divisées en soixante-trois dires ቡሀል ; 4 feuillets et demi.

L'épilogue de cette table dit : « J'ai changé le grec ርግፅ qui se trouve dans le livre et je l'ai écrit en langue connue, pour qu'il n'advienne pas un gémissement contre mes seigneurs pères et frères. Quand il (le livre) dit « prière de Asbarita », j'ai écrit « prière du repos » ጸሎተ ፡ ንዋም ; et pour Siq, j'ai mis « monastère » ደብር (mot qui signifie aussi « montagne ») ; pour atrubaryat, j'ai écrit « chant sacré » ዜማ ; mais je n'ai pas changé les mots de forme étrange, mais compris, tels que ሲኖዶስት. Moi infime, Gabriel fils de Baṭrak, j'ai commencé à écrire ce livre quand j'étais dans le grand couvent de saint Antoine, et je l'ai fini le dernier jour de miyazya de l'an 983 de l'ère des martyrs, c'est-à-dire au mois de rajab. »

Cet ouvrage, probablement le plus volumineux qui existe en Éthiopie, aurait donc été composé en l'année 699 de notre ère.

2. Le corps de l'ouvrage a 209 feuillets et un tiers.

D'après l'épilogue, il fut traduit de l'arabe en gi'iz en l'an du monde

7074 ou 1574 (1582) de l'ère chrétienne selon les Coptes, dans la vingtième année du roi Sarẓa Dingil... dans la sixième année de l'épiscopat de Marc, évêque d'Éthiopie... « Ce livre resta composé en grec pendant neuf cent quatre-vingt-trois ans, et ensuite Gabriel, fils de Baṭrak, le traduisit en arabe; et il est resté en arabe pendant trois cent quinze ans; et enfin moi Ṣalik, peu instruit, je l'ai traduit : pardonnez-moi si je n'ai pas orné son style, car j'ai d'abord parlé de mon peu de science. » — 282 feuillets.

3. Extrait de la Coutume de l'Église ሥርዓተ ፡ ቤተ ፡ ክርስቲ ያን; deux colonnes.

4. Liste des livres appartenant aux couvents de Maguina et de Dasma ; une colonne.

N° 35. — ብሉያት Bluyat « Livres de l'Ancien-Testament ».

40 sur 35; reliure belle, mais fatiguée; maḥdar commun; trois colonnes; beau parchemin et écriture mitoyenne du temps du grand Iyasu; 2 feuillets blancs.

Ce manuscrit a été un peu fatigué par les étudiants; quelques-uns des livres sont pourvus de notes originales.

1. ቃለ ፡ በረከት ፡ ዘሄኖክ Hénoch ; 20 feuillets.

2. ኢዮብ Job; 10 feuillets.

3. ነገሥት Premier livre des Rois; 15 feuillets.

4. ነገሥት Deuxième livre des Rois; 12 feuillets.

5. ነገሥት Troisième livre des Rois; 14 feuillets.

6. ነገሥት Quatrième livre des Rois, avec une liste des rois à la fin ; 14 feuillets.

7. ሕጽጓን Paralipomènes, premier livre; 11 feuillets.

CATALOGUE DE MANUSCRITS ÉTHIOPIENS. 43

8. ሕዑ፡ፃን Paralipomènes, deuxième livre; 16 feuillets.
9. ምሳልያተ ፡ ሰሎሞን Proverbes de Salomon; 9 feuillets.
10. ቃለ ፡ መክብብ Ecclésiaste; 4 feuillets.
11. ጥበብ ፡ ሰሎሞን Sagesse; 7 feuillets.
12. ኢሳይያስ Isaïe; 19 feuillets.
13. ኤርምያስ Jérémie; 26 feuillets.
14. ባርክ Baruch; 3 feuillets.

Ce livre est compté avec celui de Jérémie, en Éthiopie du moins.

15. ሕዝቅኤል Ézéchiel; 20 feuillets.

L'épilogue contient une explication de quelques mots difficiles.

16. ዳንኤል Daniel; 8 feuillets.
17. ሆሴዕ Osée; 2 feuillets.
18. አሞጽ Amos; 3 feuillets.
19. ሚክያስ Michée; 1 feuillet.
20. ኢዩኤል Joel; 1 feuillet.
21. አብድዩ ፡ ዮናስ ፡ ናሆም Abdias, Jonas et Nahum; 2 f.
22. ዕንባቆም ፡ ሶፍንያስ ፡ ሐጌ Habacuc, Sophonie et Aggée; 2 feuillets.
23. ዘካርያስ ፡ ሚልክያስ Zacharie, Malachie; 5 feuillets.
24. ጥበብ ፡ ሲራክ Ecclésiastique; 16 feuillets.
25. ዕዝራ ፡ (ሱቴኤል dit 'Izra); premier livre d'Esdras; 9 feuillets.
26. Deuxième livre d'Esdras; 6 feuillets.
27. Troisième livre d'Esdras; 11 feuillets.

Le premier livre de **ዕዝራ** est celui que la Vulgate met au quatrième rang; le deuxième des Éthiopiens correspond au premier livre de la Vulgate : il y a, en outre, de très-nombreuses variantes entre les différents manuscrits éthiopiens nommés **ዕዝራ**; il se peut bien que notre quatrième soit compris dans le troisième des Éthiopiens.

28. **ጦብያ** (dit **ጦቢት** au n° 205) Tobie; 4 feuillets.

29. **ዮዲት** Judith; 6 feuillets.

30. **አስቴር** Esther; 4 feuillets.

31. Enfin un **ይብጸበ** ou titre de propriété occupe le milieu du verso d'un dernier feuillet.

N° 36. — **ገድለ ፡ አቡነ ፡ ገብረ ፡ መንፈስ ፡ ቅዱስ**
Gadḷa abuna Gabra Manfas Qiddus
« Vie de notre père Gabra manfas qiddus ».

21 sur 21; vieux maḫdar et difat; deux colonnes; reliure avec une croix grecque, au lieu d'une croix latine, qui est plus commune en Éthiopie chez les relieurs; 75 feuillets.

1. Feuillets détachés contenant un charme contre les ennemis; 2 feuillets.

2. Vie du saint; 56 feuillets.

3. **ተአምር**, c'est-à-dire miracles opérés par l'intercession de ce saint; il y a treize récits miraculeux; 15 feuillets.

4. **መልክዐ ፡ ገ. መ. ቅዱስ** Prose en l'honneur du saint; 2 feuillets.

5. Vient ensuite un feuillet de prières écrites au plus mal et sans aucun point. Gabra manfas qiddus signifie « esclave du Saint-Esprit »; c'est le nom d'un saint universellement connu en Éthiopie sous le

nom de *Abbo* et vénéré même par les Gallas, à plus forte raison par les gens de Dawro, Kaffa, etc. Pour plusieurs, c'est le saint tutélaire du tonnerre; sa fête est chômée en Éthiopie le cinquième jour de chaque mois.

N° 37. — ማር ፡ ይስሐቅ Mar Yshaq « Le Docteur Isaac ».

26 sur 26; mahdar et difat communs; bonne reliure avec carrés de soie jaune; parchemin rude; écriture médiocre sur deux colonnes; 127 feuillets.

1. ሐሳብ ፡ ዘመን; 16 feuillets.

Traité sur le calendrier en 4 feuillets, puis 4 feuillets de tablettes chronologiques; enfin 8 feuillets détaillant, en des tables, chacune des années du cycle solaire de vingt-huit ans, dit ንኡስ ፡ ቀመር.

2. Un feuillet contenant au verso les nombres de longueurs de pieds de l'ombre humaine à chacune des douze heures, et pour tous les mois de l'année. (Les Éthiopiens ne veulent pas croire que ces nombres traditionnels varient avec la latitude et ne sont pas les mêmes en Gojjam et en Hamasen.)

3. ፊልክስዩስ Filkisyus, sur le monachisme ብሕትውና, en trois cent huit sections; 46 feuillets.

L'écriture est plus serrée à partir du 15ᵉ feuillet. L'épilogue dit que l'ouvrage fut traduit du syriaque en arabe. Il fut achevé en l'année 1021 des martyrs (737 de l'ère chrétienne).

4. Table de matières comprenant deux cent cinquante titres; 2 feuillets.

5. ቃላተ ፡ ማር ፡ ይስሐቅ Paroles de Mar Yshaq, en quarante-trois portes አንቀጽ; 61 feuillets.

6. Signification des noms propres de l'Ancien-Testament; 2° de ceux des femmes; 3° de ceux des martyrs; 4° de ceux des saints; 5° de ceux des anges; 6° des noms des apôtres; demi-feuillet.

7. Extrait de la Vie des sept enfants martyrs et de leur mère; 2 feuillets.

N° 38. — ዜና ፡ አይሁድ፡ Zena Ayhud « Histoire des Juifs ».

24 sur 22; maḥdar commun; reliure ordinaire, en bon état; deux colonnes.

1. « Au nom du Dieu créateur, nous commencerons, appuyés sur sa force, à écrire l'histoire des Juifs et du Temple qui est uni à Yosef, fils de Koryon; souvenir de leur histoire et histoire de leurs rois depuis la fondation de l'édifice jusqu'à sa destruction..... Et il a réuni ces livres en huit sections. » — 103 feuillets.

N° 39. — ሰዋስው፡ Ṣawasiw « Grammaire et vocabulaire ».

18 sur 12; sans étui; demi-relié et à planches brisées; écrit finement sur deux colonnes; 198 feuillets.

1. Extrait de l'histoire d'Hérode; 2 feuillets.

2. Noms des mois en copte, grec, arabe, en langue des Francs አፍርንግ (très-mal transcrits); 2 feuillets.

3. ሰዋስው፡ Vocabulaire rangé par genres; 50 feuillets.

Ṣawasiw est rendu dans ce livre par « échelle ou moyen de traverser (pont, bac, radeau) ».

4. Histoire des rois de Rome; 7 feuillets.

5. Extrait de l'histoire des Juifs; 3 feuillets.

6. Explication du Pentateuque ብዜለ ፡ አሪት ፡ 1° Genèse; 24 f.

7. Exode; 12 feuillets.

Ici sont intercalés 8 feuillets plus petits que le livre, intitulés Mystères des Psaumes, et contenant des remèdes magiques. Par exemple : « Si un mari prend sa femme en aversion, enlève un cheveu à la tête de celle-ci, lis sept fois de suite les psaumes 40, 3, 4, 5, 6, 7, 8 et 9, puis enterre le cheveu près de la porte de la femme, et son mari l'aimera. »

8. Explication du Lévitique; 8 feuillets.

9. Explication des Nombres; 11 feuillets.

10. Explication du Deutéronome; 5 feuillets.

11. Explication de Josué; 6 feuillets.

12. Explication des Juges; 14 feuillets.

13. Explication de Ruth; 1 feuillet.

14. Explication des Rois, en écriture plus grosse; 23 feuillets.

15. Explication du Cantique de Salomon; 6 feuillets.

16. Mots de Salomon et de l'Ecclésiastique; 3 feuillets.

17. Mots des ዲድስቅልያ; 2 feuillets.

18. Noms de pays; 3 feuillets.

19. Notes sur les Paralipomènes; 5 feuillets.

20. Notes sur le Kufale et Job; 1 feuillet.

21. Notes sur Isaïe, Ézéchiel, Esdras, Jérémie, les Machabées, Tobie; 3 feuillets.

22. Mots de Judith, Esther, des Prophètes, des Psaumes; 7 f.

Comme tous les Sạwasịw, ce volume contient beaucoup d'abréviations. C'est ordinairement la partie grammaticale qui en offre le plus.

N° 40. — ገድለ ፡ ተክለ ፡ ሃይማኖት Gạdlạ Tạklạ Haymanot
« Vie de saint Tạklạ haymanot ».

9 sur 9; maḫdạr en peau rouge, à deux brides et à quatre tenons, pour porter le livre suspendu au col en guise de charme; volume relié en 1843 par un mauvais relieur de Gondạr; carrés de soie rouge à raies blanches; chaque page offre trois colonnes dont les deux extérieures sont un peu plus étroites que l'intérieure; les lettres ont un millimètre de hauteur au commencement et deviennent un peu plus petites dès la sixième page; 2 feuillets blancs au commencement et 6 à la fin. J'ai paginé jusqu'à 139 les 70 feuillets d'écriture.

1. Tạklạ haymanot est le seul saint éthiopien reconnu par l'Église de Rome. Il évangélisa le grand Damot, et surtout le Dawro, contrée qui renfermait probablement à cette époque d'autres régions que le Kullo, le Gobo et le Wạlamo, où l'on parle encore dawạrowa. Comme dans les Vies des neuf saints ዘቅዱሳን, on trouve ici quelques données sur les annales de l'Éthiopie, si obscures avant 'Amdạ zyon. En outre, la Vie de Tạklạ haymanot est, comme le livre d'Hénoch, écrite dans le gịʽịz le plus pur et le plus beau. La vie du saint occupe 12 pages.

2. Narrés de dix-sept miracles opérés par ce saint; 14 pages.

3. Formules magiques pour préserver de la fièvre maligne ንዳድ, talismans ጠልሥም, etc. 5 pages dont la dernière, fort sale et peu lisible, laisse désirer une suite qui manque dans ce petit volume.

CATALOGUE DE MANUSCRITS ÉTHIOPIENS.

N° 41. — ትርጓሜ ፡ ዳዊት Tirguame Dawit
« Explication des Psaumes ».

45 sur 39; sans étui; reliure belle, mais fatiguée, les planches étant détachées des feuillets; grands carrés de soie rouge brochée d'or; écrit par versets en lignes de longueurs irrégulières, et en un beau guilḫ, ou écriture haute de 7 à 11 millimètres. L'encre est luisante et assez épaisse pour avoir pu se détacher quelquefois, les pleins des lettres ayant près de 3 millimètres de largeur.

Ce livre était très-estimé de mon mamhir. Chaque verset en giïz est suivi de son explication en amariñña, dont l'orthographe, quoique un peu ancienne, montre que l'ouvrage a été écrit en bagëmidir ou dambya. Il contient 232 feuillets, et je l'ai paginé au crayon.

1. Traduction des cent cinquante et un psaumes; 402 pages.

> Prenons pour exemple le commencement du psaume CXXIX, *De profundis*, etc.
>
> Giïz : እምዕምቅ ፡ ጸዋዕኩከ ፡ እግዚአ ፡
> Amariñña : ከልቤ ፡ ተግቼ ፡ አድጎነኝ ፡ ስል ፡ ስምኸን ፡ እጸራለኹ ፡ አቤቱ ፡
> G. እግዚአ ፡ ስምዓኒ ፡ ቃልየ ፡
> A. አቤቱ ፡ ጸሎቴን ፡ ስማኝ ፡
> G. ወይኩን ፡ እዝንከ ፡ ዘያጸምዕ ፡ ቃለ ፡ ስዕለትየ ፡
> A. ጀሮኸም ፡ ልመናዬን ፡ እንዲሰማ ፡ ይኹን ፡

2. Maḥalya nabiyat « Cantiques des Prophètes », pages 403-406;
3. Ẓalota Muse « Prière de Moïse », trois prières; pages 407-416;
4. Ẓalota Hanna « Prière d'Anna, mère de Samuel », p. 417-419;
5. Ẓalota Hizqyas « Prière d'Ézéchias », pages 420-421;

6. Ẓalotạ Mịnase « Prière de Manassé », pages 422-424;

7. Ẓalotạ Yonas « Prière de Jonas », page 425;

8. Ẓalotạ Danịel « Prière de Daniel », pages 426-429;

9. Ẓalotạ sạlạstu dạqiq « Prière des trois enfants », p. 430-436;

10. Ẓalotạ 'Ịnbaqom « Prière d'Habacuc », pages 437-441;

11. Ẓalotạ Isayyas « Prière d'Isaïe ». pages 442-443;

12. Ẓalotạ Ịgzi-ịtnạ Maryam « Prière de Notre-Dame Marie », p. 444;

13. Ẓalotạ Zạkaryas « Prière de Zacharie », suivie de celle de Siméon, pages 445-447;

14. Mạḫalyạ mạḫaly « Cantique des cantiques », divisé en cinq sections, pages 448-471.

Les commentaires dogmatiques sont rares et écrits en marge dans une écriture fine. L'usage principal de ce gros volume sera d'employer le gi'iz pour en tirer un lexique amariñña. Dans cette dernière langue les aspirations abondent ici comme au temps de Ludolf.

N° 42. — ታሪክ ፡ ነገሥት Tarikạ nạgạst
« Histoire éthiopienne ».

21 sur 19; demi-relié, une demi-planche cassée; écrit en deux colonnes sur beau parchemin, dans une écriture belle, mais tantôt espacée, tantôt serrée.

1. Histoire de Sạrzạ Dịngil ou Mạlạk Sạggạd; 143 feuillets, dont 2 blancs.

N° 43. — **ገድለ ፡ አኖሬዎስ** Gạdlạ Anorewos
« Vie de Anorewos ».

23 sur 16; broché, sans planches ni étui; il y a une arabesque en tête; belle écriture guilḫ en deux colonnes; dos d'un cahier entamé par les rats; 60 f.

1. Vie de ce saint éthiopien; 49 feuillets.

2. Quinze miracles dus à son intercession; 11 feuillets.

N° 44. — **ታሪክ ፡ ነገሥት** Tarikạ nạgạṣt
« Histoire des Rois ».

26 sur 19; copié à Paris en 1839, sur le n° 221, par l'écrivain du n° 27; écriture guilḫ en 2 colonnes; étui de parchemin vert; 32 feuillets, dont 8 blancs.

Cet abrégé historique commence par Adam; car les rois d'Éthiopie prétendent avoir leur généalogie bien complète à partir de Salomon. Les noms des rois sont donnés jusqu'à Lịbnạ Dịngịl. L'histoire est un peu plus étendue ensuite. Le conquérant musulman Graň est souvent appelé ici Malạṣay, seul nom que la tradition lui ait conservé. La notice finit sous Iyoas, fils du deuxième Iyasu, à l'exil de Fanu-el, relégué chez les Ṭilṭal par Ras Mika-el.

N° 45. — **ገድለ ፡ አስጢፋኖስ** Gạdlạ Asṭifanos
« Vie de saint Étienne ».

19 sur 16; broché en planches et sans étui; deux colonnes; 53 feuillets.

1. **ድርሳን** Traité de saint Jean Chrysostome sur la gloire de saint Jean-Baptiste; 19 feuillets.

2. ገድለ ፡ አስጢፋኖስ Vie de saint Étienne, chef des diacres; 17 feuillets.

3. Comment on trouva les os de saint Étienne et de saint Jean; 5 feuillets.

4. ገድለ ፡ ኤዎስጣቴዎስ Vie de saint Ewosṭatewos; 13 feuillets.

Cette dernière Vie est tachée d'huile encore plus que la précédente.

N° 46. — ገድለ ፡ አቡነ ፡ አረጋዊ Gạdlạ abunạ Arạgawi « Vie de notre père Arạgawi ».

18 sur 16; demi-relié; vieux maḫdạr; écrit en deux colonnes sur bon parchemin; 74 feuillets, dont 2 blancs.

1. Vie de Michel, dit Arạgawi; 34 feuillets.

Neuf saints allèrent s'établir en Éthiopie, aux environs de Aksum, sous le règne de Gạbrạ Mạsqạl (esclave de la croix), fils de Kaleb. Ils étaient tous étrangers au pays, dont ils conquirent une grande partie à la vraie foi. Leur chef, appelé Michel, dont les Éthiopiens ont fait ዘሚካኤል, fut surnommé Arạgawi, ou le vieillard. Selon la légende qui est sous mes yeux, il était fils d'Isaac, de la famille royale de Rome ሮሜ; Ịdna était sa mère. Il était le troisième successeur de saint Antoine, et frère de Théodore.

2. Vie de saint Philippe, apôtre, et de saint Moïse ሙሴ le Romain; 10 feuillets.

3. Vie de Gạbrạ Krịstos, fils de Théodose, roi de Constantinya; 28 feuillets.

N° 47. — ፬ ወንጌል Arbaïtu Wangel « Les quatre Évangiles ».

20 sur 18; relié à neuf pour moi dans Gondar, avec mahdar et difat en mas; carrés en soie violette rayée de blanc; 187 feuillets, dont 1 blanc.

1. መቅድመ ፡ ፬ወንጌላት Préface des quatre Évangiles; 8 feuillets, dont 1 blanc.

2. ግጸዌ ፡ ሥርዓት Explication de la table (suivante) pour rassembler les paroles des quatre Évangiles; 2 feuillets, dont 1 blanc.

3. ስንጠረጅ ou dix tableaux harmoniques, dits ici ቀመር; 7 feuillets, dont 1 blanc.

4. ብስራተ ፡ ማቴዎስ Évangile de saint Matthieu (chiffré en marge jusqu'à 356); 49 feuillets.

5. ኍልቌ ፡ ምዕራፋት Traduit du copte. Dénombrement des repos (chapitres), au nombre de quarante-huit; 1 feuillet.

6. ብስራተ ፡ ማርቆስ Bonne nouvelle de Marc (chiffré en marge jusqu'à 236); 27 feuillets.

7. ኍልቌ ፡ እርእስት Dénombrement des chapitres (au nombre de quatre-vingt-trois); 1 feuillet.

8. ብስራተ ፡ ሉቃስ Bonne nouvelle de Luc (chiffré en marge jusqu'à 345); 48 feuillets.

9. ኍልቌ ፡ ምዕራፋት Dénombrement des repos (au nombre de vingt); 2 feuillets, dont 1 blanc.

10. ብስራተ ፡ ዮሐንስ Bonne nouvelle de Jean (chiffré en marge jusqu'à 223, et divisé en vingt chapitres); 39 feuillets.

11. Histoire de la fondation d'une église par Iyasu et sa mère Walata Giyorgis; 1 feuillet.

N° 48. — ቅዱስ ፡ ቄርሎስ Qiddus Qerlos « Saint Cyrille ».

24 sur 17, ce qui est trop étroit pour le goût en Éthiopie, où l'on appelle cette forme allongée ሳጥን ou caisse; mahdar et difat communs; reliure mal faite, mais assez bien conservée; carrés de coton à raies et à échiquier; 159 f.

1. Histoire du saint et vénérable Cyrille; 4 feuillets.

2. Notice des réponses des docteurs ሊቃውንት vénérables et saints aux ennemis du Christ, principalement le discours qui fut écrit par Cyrille, patriarche d'Alexandrie; 155 feuillets, dont 1 blanc.

N° 49. — መጽሐፈ ፡ ምሥጢር Mazhafa mistir « Livre des mystères ».

35 sur 27; brochure dont les feuillets se détachent à force de vieillesse; deux colonnes; les têtes de chapitres sont ornées d'arabesques en couleur; écriture d'un guilh antique, où la feuille non pétiolée du ሎ, et les fenêtres መስከት triangulaires du ዐ, du ፀ et du መ indiquent une écriture bien antérieure à Grañ. En marge sont bien des hiéroglyphes aujourd'hui incompris, entre autres, la croix ansée ⚲, qu'un seul dabtara d'Éthiopie m'a traduite par les mots « fais attention » ተጠንቀቅ. Ce manuscrit forme un gros in-folio à deux colonnes, sur du parchemin rude et souvent troué; écrit par Paul; 230 feuillets.

1. መጽሐፈ ፡ ምሥጢር ፡ ዘይትነገር ፡ ለመሃይምናን « Livre des mystères qui parle aux croyants et non aux infidèles ». De la Trinité, et réfutation de la doctrine de Sabalyos, qui confond les trois personnes en une, par Giyorgis, du pays de Sigla, en Amhara; 8 f.

2. Fête des ብርሃናት lumières. — Réfutation ዘለፋ de Akuryos,

qui sépare totalement les trois personnes ዘዘዚአሁ፡; plus loin le nom est écrit Aboryos; 5 feuillets.

3. Fête du ግለይ pasteur. — Réfutation de Oryos (Arius?), char de Satan qui nie la divinité de Jésus-Christ; 8 feuillets.

4. Fête de Gena. — Réfutation de Nestorius ንስጥርስ, qui assimile Notre-Seigneur aux prophètes, toujours par Georges, qui grandit ልህቀ dans 'Elama; 10 feuillets.

5. Fête de Noël. — Réfutation de Foṭinos, qui dit que le Christ prend (?) ሴፈወ son essence de Marie et non de la gloire du Père; 14 feuillets.

6. Fête du Baptême. —Réfutation de Orgenis, qui dit que le Fils ne peut voir le Père; 3 feuillets.

7. Fête du troisième Baptême. —Réfutation des impies, qui disent que la parole de Dieu se fit chair, sang, os, cheveux et nerfs, à partir de son baptême; 2 feuillets.

8. Fête de Sim-on. — Réfutation de ceux qui disent que le Christ commença ሰፈወ, à partir de son baptême, à être uni au Saint-Esprit; 2 feuillets.

9. Fête de Dạbrạ Zạyt ou mont des Olives. — Réfutation sur la naissance de Notre-Seigneur (sans titre ni épilogue); 4 feuillets.

10. Fête de ተስብእት l'Incarnation. — Réfutation de Bitu, qui dit que le Fils jugera sans le Père au jugement dernier (sans titre); 9 feuillets.

11. Réfutation de Antidiqomaryaṭos, ennemi de Marie, qui, selon lui, aurait cohabité avec Joseph après la naissance de Notre-Seigneur; 9 feuillets.

12. Le Jeudi saint ጸሎተ ፡ ሐሙስ. — Traité d'un Éthiopien sur le lavement des pieds (sans épilogue); 4 feuillets.

13. Aurore du Vendredi. — Réfutation d'Eutychès (?) አውጣኪ, qui dit que la chair de Jésus-Christ ne connut pas de faiblesses comme la nôtre, et qu'il ne souffrit pas ኢሐመ; 8 feuillets.

14. Vendredi, à trois heures. — Réfutation de Sawiros, évêque de Hindikya, et de Tadosyos d'Alexandrie, qui ont calomnié la Passion; 3 feuillets.

15. Vendredi, à sept heures. — Réfutation de Aburyos, qui dit que le Christ n'a pas d'âme; 4 feuillets.

16. Vendredi, à neuf heures. — Réfutation de Aftikis, qui dit que le corps de Notre-Seigneur est venu du ciel; 11 feuillets.

17. Vendredi, le soir. — Réfutation de Mankyos, qui dit que l'Incarnation n'est qu'une apparence; 3 feuillets.

18. Vendredi, à la couchée ዘንዋሞ. — Réfutation de Arsis et de ceux qui disent que Jésus-Christ alla en enfer ደይን, en corps et en âme; 14 feuillets.

19. Pâques. — Réfutation de Léon, évêque de Quisṭanṭinya (il s'agit de saint Léon, pape); 14 feuillets.

20. Pâques. — Réfutation du concile (dit ici par injure ማኅበር réunion) de Chalcédoine; 4 feuillets.

21. Mardi de Pâques. — Réfutation de ceux qui disent que l'apparence አርአያ de Notre-Seigneur fut crucifiée; 6 feuillets.

22. Mercredi de Pâques. — Réfutation de ceux qui disent que l'Esprit de vie prit de son père et de sa mère de quoi être enfant; 5 f.

23. Jeudi de Pâques. — Réfutation de Argenis, qui dit que le Fils est plus petit que le Père, et le Saint-Esprit moindre que le Fils; 7 feuillets.

24. Vendredi de Pâques. — Réfutation de ceux qui demandent si le pain et le vin deviennent vraiment corps et sang dans le Très-saint Sacrement; 10 feuillets.

25. Samedi de Pâques. — Réfutation de ceux qui méprisent le Pentateuque; 8 feuillets.

26. Sur les dix commandements de Dieu; 8 feuillets.

27. Les commandements, avec quelques réflexions; 3 feuillets.

28. 1° du ኩፋሌ kufale; 2° puis sur l'observation des sabbats; 3 feuillets.

29. Qu'il faut chômer les deux sabbats, c'est-à-dire samedi et dimanche; 6 feuillets.

30. Quand les espèces entrent በአግብአተ ፡ ግብር. — Réfutation de ceux qui disent que l'âme ressuscite avec le corps, pour le jugement dernier; 15 feuillets.

31. A l'Ascension. — Réfutation de Filbyanos, qui confondit አስ ተአኃወ la divinité avec l'humanité; 5 feuillets.

32. Pentecôte. — Réfutation de Makdonyos et Eutychès, qui ont abandonné l'Esprit saint; 12 feuillets.

33. Transfiguration ይብረ ፡ ታብር. — Réfutation de ceux qui nient la résurrection des morts, en suivant les Sadducéens; 7 feuillets.

34. Épilogue du livre de mystère : on y apprend que « le livre a été achevé en 6932 de l'ère chrétienne (1432 chez nous), selon

les Romains; en 6924, selon les Africains በሐሳበ ፡ አፍራቅያ, ou l'ancienne Rome ርማ; en 6917, selon les Coptes; en 6992, selon le comput éthiopien, qui a cru en Dieu sans apôtre; la dixième année (le texte porte ፲ መዓተ ፡ መንግሥቱ, ce qui n'offre aucun sens) du règne d'Yshaq, et le 27 du mois de pyon ጵዮን, c'est-à-dire sane, ou 9 yolyon (juillet) des Romains, année de Jean l'Évangéliste, et dans le pays de Sagla. Ce livre parle de la Trinité et de l'Incarnation. » — 3 feuillets.

Une note, à la fin, apprend que le livre a été acheté par Sarza Maryam pour cinq vaches, et fulmine une terrible sentence d'excommunication contre le moine qui le vendra; ce qui n'empêcha pas un religieux de s'en défaire pour mon argent.

Ce manuscrit contient, en des sections consacrées à autant de fêtes, les énoncés et les réfutations de vingt-neuf erreurs de divers hérésiarques. Chaque division, sauf une, est terminée par un épilogue en vers, ou, pour mieux dire, en phrases rimées; l'ouvrage est connu de nom par quelques Éthiopiens, mais personne ne l'a lu. Il en existe un exemplaire à Gondar, dans une église où je le déterrai, et en fis lecture à une réunion de mamhiran. Comme le prologue et l'épilogue manquaient, on fut réduit à conjecturer quel pouvait être cet ouvrage, et je n'ai pu constater son identité qu'après avoir acheté mon exemplaire. Je n'en connais pas d'autre qui soit complet. On peut s'expliquer l'incurie des Éthiopiens à transcrire ce gros volume, par le grand nombre de mots inconnus qui s'y trouvent. En le parcourant pour dresser la table des matières, que je supprime ici vu sa longueur, j'ai noté trente-cinq mots qui ne se trouvent ni dans Ludolf, ni dans une liste d'un millier d'autres mots gi'iz que j'ai rassemblés pendant mes études en Éthiopie. Quelques-uns de ces mots sont fort étranges : je n'ose les appeler des archaïsmes, et je serais tenté de les attribuer à l'antique langue amhariñña, du pays où le Livre des mystères fut écrit. Je puis affirmer que la plupart de ces mots nouveaux sont incompris des Éthiopiens actuels. Il est d'ailleurs à remarquer que dans ce manuscrit le ዝ, au lieu d'être préfixé comme aujourd'hui, est un suffixe attaché au mot dont ce ዝ détermine le genre.

N° 50. — መጽሐፈ ፡ ግንዘት Maẓḥafa ginzat
« Livre du service des morts ».

27 sur 22; demi-relié, sans fers; maḫdar et diſat de mas; deux colonnes; écriture médiocre; 117 feuillets.

1. Psaumes et Prières, y compris 2 feuillets blancs; 9 feuillets.

2. ጸሎት ፡ ዕጣን Prière de l'encens et autres Prières; 7 feuillets.

3. Livre d'ensevelissement ግንዘት, recueilli des Constitutions des Apôtres; 73 feuillets.

Ce livre est au fond le même que le n° 8, mais il s'en distingue par des détails dont les différences n'ont besoin d'être exposées que dans un travail sur la religion de l'Éthiopie; les diverses sections portent le titre commun de ፍትሐት, ou absolution. Le dernier service est pour le quarantième jour, et non, comme au n° 8, pour le quatre-vingtième.

4. Histoire de l'effet des Prières pour les morts, d'après un des Pères, et Prières diverses dont une par Frumentius, l'Apôtre de l'Éthiopie; 22 feuillets.

5. **ልፋሬ ፡ ጸድቅ** Écrit de piété; 4 feuillets.

En 'Sạwa, on écrit cette dernière prière sur un parchemin de la longueur exacte du défunt, et on l'enterre avec lui pour lui ouvrir les portes du ciel; cette pratique existait jadis, dit-on, dans toute l'Éthiopie.

6. Seigneur des lumières... prière, y compris 1 feuillet presque blanc; 2 feuillets.

N° 51. — ሰርጊስ Sạrgis.

35 sur 27; broché et recouvert par moi d'une peau tannée de chèvre, teinte avec la terre noire **ዋለጠ** de l'Éthiopie; sans étui. Belle écriture ancienne, mais plus moderne qu'au n° 49. Néanmoins les ፪ ou chiffres 2 sont faits ainsi B, ce qui est tout à fait conforme au B grec, et prouve que Ludolf avait raison de dire que les chiffres éthiopiens proviennent de l'alphabet grec. Deux colonnes; parchemin beau, mais ayant, comme au n° 49, des trous et des raccommodages; 157 feuillets.

1. « Ce qui arriva du temps de Ḥạraqạl, roi de Rome, au sujet de l'homme qui se nommait Sạrgis de Abịrga **አብርጋዊ**, qui était de l'armée du roi; il le fit gouverneur des deux pays de Afragya et de Qạrtạgya (Carthage?), et lui ordonna de baptiser les Juifs qui s'étaient convertis au Seigneur. Ce livre est écrit par Joseph, l'un des Juifs convertis contre leur volonté. L'un d'entre eux, nommé Jacob, persuadé plus tard de la vérité de la religion chrétienne, en expose les dogmes à ses frères juifs. »

Première assemblée (conférence); 40 feuillets.

Deuxième assemblée **ጉባኤ**; 9 f.

Troisième et quatrième assemblée; 2 feuillets.

Cinquième et sixième assemblée; 7 feuillets.

Septième assemblée; 5 feuillets.

Huitième assemblée; 3 feuillets.

Neuvième assemblée; 10 feuillets.

Les caractères de ce livre sont beaucoup plus espacés qu'à l'ordinaire; le pétiole du ሰ est tantôt indiqué et tantôt supprimé, ce qui montre une époque de transition; les lettres du troisième rang ሣልስ sont le plus souvent écrites comme celles du cinquième ኃምስ, dont la prononciation se confond d'ailleurs souvent avec elles.

2. ኪዳን ፡ ዘ....ኢየሱስ ፡ ክርስቶስ Pacte de Notre Seigneur et Sauveur Jésus-Christ, premier livre.

C'est le livre connu sous le nom de መጽሐፈ ፡ ኪዳን Livre du Pacte ou de l'Alliance, et il contient des discours tenus par Jésus-Christ à ses Apôtres après sa résurrection.

1. Sur la descente du Saint-Esprit;
2. Sur les événements des derniers jours;
3. Sur les prodiges qui arriveront;
4. Sur les événements qui arriveront;
5. Sur les événements qui arriveront;
6. Signes de l'Antechrist ሐሳዌ ፡ መሲሕ; en tout 4 feuillets.
7, 8. Paroles et réponses de Notre-Seigneur;
9. Dons aux forts;
10. Choix d'évêque;
11. Prière de son ordination; en tout 3 feuillets.
12. Comment on trouvera l'évêque;
13. Comment il sera attentif;
14. Comment il enseignera dans les églises;
15. Forme de ses leçons;
16. Comment on disposera la communion;
17. Prière;
18. Prière après; en tout 6 feuillets.
19. Prières sur les saintes huiles;
20. Sur les louanges proférées en commun ስብሐት ፡ መሕበር; en tout 2 feuillets.
21. Sur l'enseignement secret;
22. Sur la prêtrise;
23. Prières de l'ordination; en tout 3 feuillets.
24. Comment le prêtre soigne le sacrifice;
25. Conduite dans les maisons qu'il visite;
26. Sur les témoins;

27. Sur ceux qui guérissent ou se perdent;

28. Sur les visites du prêtre aux malades;

29. Ordination des diacres;

30. Sur le diacre en mission;

31. Nombre de prêtres, diacres et sous-diacres ንፉቀ ፡ ዲያቁን;

32. Chants sacrés; en tout 5 feuillets.

33. Retardataires à l'office;

34. Ordination du diacre;

35. Veuves attachées à l'église;

36. Leurs prières; en tout 4 feuillets.

37. Sous-diacres;

38. አናጉንስጢስ Lecteurs;

39. Vierges;

40. Fidèles;

41. Comment on reçoit le baptême;

42. Saluts qu'on se donne réciproquement après la prière;

43. Les femmes doivent être bien enveloppées pour prier; en tout 3 f.

A partir d'ici il n'y a plus de titres en rouge.

44. Imposition des mains sur les enfants;

45. . . .

46. Comment on connaît la présence d'un esprit impur;

47. Baptême;

48. Ce qu'on fait sur l'oblation;

49. Église et vierges;

50. Actions de grâces pour les malades;

51. Funérailles des pauvres;

52. Communion;

53. Actions de grâces; en tout 7 f.

54. Discours de Jésus-Christ;

55. Prières et conclusion; en tout 17 feuillets.

3. Deuxième livre du መጽሐፈ ፡ ኪዳን expliqué par saint Pierre à son disciple Qalementos; 16 feuillets.

Il y a une lacune d'un tiers de page à la fin du 11e feuillet; mais le texte n'en est pas interrompu.

4. Mystère grand et secret sur la condamnation des pécheurs, demandé par saint Pierre à Notre-Seigneur à cause de sa miséricorde pour Addam (Adam); 11 feuillets.

La section 4 est imparfaite à la fin; j'ignore s'il manque plus d'un feuillet, et si cette section fait partie du Maẓḥafa kidan.

La croix ansée paraît dans ce volume; mais elle est rare.

N° 52. — ታሪክ ፡ ነገሥት Tarika nagaṣt
« Histoire des rois ».

34 sur 25; broché avec couverture de veau rouge, sans étui; deux colonnes; 165 feuillets.

Le prototype de ce manuscrit existait à Atronisa Maryam dans le pays Amara; Dajac Marid l'emporta par ruse en Gojjam, où mon frère Arnauld d'Abbadie le découvrit et le fit copier sur papier arabe, le parchemin étant impossible à trouver en ce pays. Ce manuscrit contient l'histoire d'Éthiopie ou plutôt de ses rois; il commence avec 'Amda Ẓyon, et finit avec Malak Saggad. L'histoire de ce dernier est à peu près identique avec celle du manuscrit n° 42.

N° 53. — መጽሐፈ ፡ ልቡና Maẓḥeta libuna
« Miroir d'intelligence ».

20 sur 18; broché sans étui ni planche; deux colonnes; 31 feuillets, dont 1 blanc.

1. Prologue. « Miroir d'intelligence dit par un (chrétien) orthodoxe en l'année du monde 7114, en l'année 1614 de l'Incarnation de Notre-Seigneur, et en l'an 1338 des martyrs... Écrit en réponse à diverses opinions sur la Trinité, sur les natures de Notre-Seigneur Jésus-Christ, sur la question de savoir si l'Incarnation fut comme une onction surajoutée à la nature divine ou *vice versa*, et enfin sur celle de savoir si l'onction n'est autre chose que l'union ተዋህዶት de la divinité et de la nature humaine. » — 2 feuillets.

2. Première porte. Que veut dire une divinité et trois personnes? 5 feuillets.

3. Deuxième porte. Sur ceux qui disent que trois corps procèdent d'une divinité; 3 feuillets.

4. Que signifie la séparation de Dieu en trois noms?

5. Pourquoi nommons-nous Père le nom de la nature; Fils, celui du Verbe; Esprit saint, celui du Saint-Esprit? 2 feuillets.

6. Puisque la séparation de leurs noms est admise, et que le nom de l'un ne s'applique pas à l'autre, pourquoi dit-on qu'ils sont trois par leurs personnes? 2 feuillets.

7. Comment Dieu a-t-il physionomie መልክዕ et visage?

8. Comment admettre en même temps une essence et trois personnes? en tout 6 feuillets.

9. Que veut dire union ተዋሕዶት de l'humanité avec la divinité? 10 feuillets.

N° 54. — ገድል ፡ ዘአባ ፡ ኖብ Gadl za abba Nob
« Vie du P. Nob ».

23 sur 17; sans planche ni étui; deux colonnes; écriture antique; arabesques initiales; 124 feuillets.

1. Vie de Nob; 25 feuillets : l'écriture est très-inégale. Selon l'épilogue, cette Vie fut traduite de l'arabe aux frais de Abba Salama, le premier évêque du pays ሀገር d'Éthiopie ኢትዮጵያ. Il y aurait eu deux ou trois mots de plus sur un feuillet qui est perdu.

2. ገድል ፡ ይስጦስ... Vie de Ystos et de Aboli son fils, et de sa femme Tawklya; 39 feuillets.

Dans l'épilogue, Tawklya est dite fille de Aboli. Cette Vie fut aussi traduite aux frais de Abba Salama, et de l'arabe.

3. Traité de Jean sur les Quatre bêtes ድርሳን፡ ፬ እንስሳ ; 15 f.

4. Traité sur Dieu ; 11 feuillets.

5. Traité de Basile sur les Anges, la Divinité et la Foi ; 4 feuillets.

6. ዘከመ፡ ከነ፡ ሕይወቱ፡ ለቅዱስ... Comment fut la vie de saint Jean-Baptiste ; 14 feuillets.

7. Traité sur saint Jean-Baptiste ; 7 feuillets.

8. Traité par la prière de saint Jean-Baptiste ድርሳን፡ በጸሎተ፡ ዮሐንስ፡ መጥምቅ ; 2 feuillets.

9. Traité de Minas sur la Croix (prologue presque effacé) ; 7 f.

N° 55. — ጉባኤ፡ ነቢያት Guba-e Nabiyat
« Recueil des Prophètes ».

51 sur 39 ; broché en planches énormes ; trois colonnes ; écriture antique ; 191 feuillets.

Cet énorme et vieux manuscrit est taché çà et là par l'eau : il a les livres suivants de l'Ancien-Testament :

1. በረከት፡ ዘሄኖክ Présent d'Hénoch ; 14 feuillets.

2. ኢዮብ Job ; 11 feuillets.

Le nom de sa patrie est Awstis et non Awstid, comme dans les livres modernes.

3. ምሳልያተ፡ ሰሎሞን Proverbes de Salomon ; 7 feuillets.

4. ዝተግሣጸ፡ ሰሎሞን Ceci est l'avertissement de Salomon.

Cette division comprend nos chapitres xxv à xxxi des Proverbes.

5. ቃለ ፡ መክብብ ፡ ወልደ ፡ ዳዊት Ecclésiaste; 3 feuillets.

6. ትንቢተ ፡ ሰሎሞን Sagesse de Salomon; 6 feuillets.

7. ትምህርተ ፡ ጥበብ ፡ ወተግሣጽ ዘጸሐፍኩ ፡ ውስተ ፡ ዝንቱ ፡ መጽሐፍ ፡ አነ ፡ ኢያሱ ፡ ሲራክ ፡ ወልደ ፡ አልዐዛር Enseignement de sagesse, et exhortation que j'ai écrite dans ce livre, moi, Iyasu Sirak, fils de Al'azar; 16 feuillets.

8. ራእይ ፡ ዘርእየ ፡ ኢሳይያስ Vision que vit Isaïe; 20 feuillets, dont 1 *verso* en blanc.

9. ቃለ ፡ እግዚአብሔር ፡ ዘኮነ ፡ ኀበ ፡ ኤርምያስ Parole de Dieu qui vint à Jérémie; 22 feuillets.

10. ተረፋተ ፡ ነገር ፡ ዘባርክ Restes du discours de Baruch; 3 f.

Dans l'épilogue on l'appelle « livre de Barok (Baruch) et restes du discours de Ermyas (Jérémie) ». C'est la seule fois que j'aie, en gi'iz, vu appeler Baruch un livre.

11. ሕዝቅኤል Ḥizqi-el (Ézéchiel); 18 feuillets.

Les marges intérieures des deux derniers feuillets ont disparu, et l'écriture y est légèrement entamée.

12. ዘዳንኤል De Dani-el; 8 feuillets.

13. ሱትኤል ፡ ዘተሰመይኩ ፡ ዕዝራ Sut-el qui ai été nommé 'Izra (Esdras); 10 feuillets.

14. ዘዕዝራ ፡ ክልኤቱ De 'Izra deux (deuxième Esdras); le manuscrit porte ክልአቱ; 7 feuillets.

15. አስቴር Aster (Esther); 4 feuillets.

16. ሆሴዕ Hose-'i (Osée); 3 feuillets.

17. አሞጽ Amoẓ (Amos); 2 feuillets.

18. ሚክያስ Mikiyas (Michée); 2 feuillets.

19. ኢዮኤል Iyu-el (Joel); 1 feuillet.

20. አብድዩ Abdyu (Abdias), } 1 feuillet.
21. ዮናስ Yonas (Jonas)....

22. ነነዌ ፡ መጽሐፈ ፡ ራእዩ ፡ ለናሆም Naṇawe, livre de la vision de Nahom (Nahum); 1 feuillet.

23. ዕንባቆም Ịnbaqom (Habacuc); 1 feuillet.

24. ሰፎንያስ Ṣafonyas (Sophonias); 1 feuillet.

25. ሐጌ Hage (Aggée); 1 feuillet.

26. ዘካርያስ Zạkaryas (Zacharie); 3 feuillets.

27. ኅልይምኬ Hạlywoke (Malachie); 1 feuillet.

Dit ሚክያስ Mikias à la fin. Ce livre commence comme Malachie, mais finit autrement.

28. መቃብያን Mạqabyan (Machabées, I); 13 feuillets.

J'appelle ceci Machabées, à cause de la ressemblance du nom et du lieu qu'on assigne aux Mạqabyan dans la série des livres de la Bible. Au surplus, le texte de ces livres diffère notablement du nôtre; il commence autrement.

29. መቃብያን Mạqabyan (Machabées, II); 8 feuillets.

30. መቃብያን Mạqabyan; 4 feuillets.

Voici la première phrase de ce troisième livre : ይትፌሥሑ ፡ ደ ስያተ ፡ ግብጽ ፡ እስመ ፡ በዳኅሪ ፡ መዋዕል ፡ በእንተ ፡ ዘይመጽእ ፡ ዲቤሆሙ ፡ ኄር ፡ ወየዋህ ፡ ዘይትቤቀል ፡ በእንተ ፡ ዘገፍዐ ፡ ወእስ ሐተ ፡ ሰብላንዮስ ፡ ዘይጸረራ ፡ ለፍኖት ፡ ፈጣሪሁ ፡ ወውእቱ ፡ ይ

ትቤቀሎ etc. En changeant trois lettres, on peut traduire cela ainsi : « Les îles d'Égypte se réjouiront pour la bonté et la douceur qui viendront sur elles dans les derniers jours, ce qui vengera les affronts et les scandales de Ṣablanyos qui est hostile à la voix de son Créateur, et il le punira, etc. »

N° 56. — ገድለ ፡ ያፍቅረነ ፡ እግዚእ Gadla Yafqiranna Igzi-i « Vie de Yafqiranna Igzi-i ».

80 sur 28 ; broché, avec une planche ; sans étui ; arabesques ; écriture antique ; deux colonnes ; 44 feuillets.

Le nom de ce saint signifie « Dieu nous aime ». En Éthiopie on a, en effet, conservé l'usage de donner aux hommes des noms significatifs, et les mères en usent comme jadis Rachel et Lia. Cet usage biblique est un reste touchant des mœurs patriarcales.

N° 57. — ነገሥት ፡ ዘ፬ብሔር Nagaṣt za arba'itu biḫer (Rois de quatre pays) « Les quatre livres des Rois ».

35 sur 27 ; broché en planches trop petites et brisées ; sans étui ; écriture antique ; arabesques initiales ; plusieurs colonnes ont en tête des titres en rouge ; deux colonnes ; 119 feuillets.

Ce volume n'a pas d'hiéroglyphes en marge : il est, ainsi que le précédent, en bien mauvais état ; mais je les ai achetés parce que leur grande antiquité permet d'y espérer des leçons moins corrompues de gloses et un texte plus pur, au jour, s'il vient jamais, où l'on voudrait faire une édition complète et soignée de la Bible éthiopienne.

1. Premier livre (finissant avec la première phrase de notre deuxième livre des Rois) ; 30 feuillets.

2. Deuxième livre (il n'en reste qu'une colonne; viennent ensuite quelques pièces de vers); 1 feuillet.

3. Troisième livre; 27 feuillets.

4. Deuxième livre (mêlé au troisième, qui finit avec la première phrase de notre quatrième livre); 31 feuillets.

5. Quatrième livre; 29 feuillets.

6. Liste des rois de Juda; 1 feuillet.

N° 58. — ገድለ ፡ ሐዋርያት Gądlą Ḥawaryat
« Vies des Apôtres ».

28 sur 18; broché en planches, sans étui; deux colonnes; écriture antique avec hiéroglyphes en marge; le ፪ est écrit B, et il y a quelques arabesques ordinaires; 162 feuillets, dont 1 blanc à la fin.

1. Saint Pierre; 16 feuillets.

2. Saint Paul; 2 feuillets.

3. Bartholomée; 9 feuillets.

4. Matthieu; 15 feuillets.

5. Philippe; 8 feuillets.

6. André; 30 feuillets.

7. Jean l'Évangéliste; 21 feuillets.

8. Jacob, fils d'Alphée; 12 feuillets.

9. Matthieu; 3 feuillets.

10. Jacob, fils de Zébédée; 6 feuillets.

11. Marc; 5 feuillets.

12. Thomas; 1 feuillet.

13. Luc; 12 feuillets.

14. Thomas; 5 feuillets.

15. Juda, dit Thaddée; 6 feuillets.

16. Siméon; 3 feuillets.

17. Jacob; 6 feuillets.

Épilogue; 1 feuillet.

N° 59. — መቃቢስ Maqabis.

34 sur 24; broché en planches, sans étui; deux colonnes; écriture antique; lignes serrées et lettres espacées; arabesques et croix ansées.

1. Histoire du bienheureux Maqabis ዘተጋደለ (sic) qui passa sa vie de mortifications dans le monastère de Hor; 11 feuillets, dont 1 blanc.

2. Enseignement de Maqabis; 13 feuillets.

3. Discours utile à l'âme, tenu par Maqabis à Hirqalis, roi païen (en deux parties); 11 feuillets.

4. Discours, troisième partie en quatre divisions; 22 feuillets.

5. Sur l'humilité (par le même); 8 feuillets.

6. Sur les méchants, etc. 37 feuillets.

7. Réponse du roi (en 3 sections); 13 feuillets.

8. Conversion d'un noble መኩንን, etc. (en quarante-trois sections et un feuillet blanc); 34 feuillets.

Quelques-uns des feuillets sont détachés.

N° 60. — ግድለ ፡ እንጦንስ Gadla Iṇṭoniṣ
« Vie de saint Antoine ».

24 sur 17; broché en planches, sans étui; deux colonnes; écriture antique; bien conservé; 78 feuillets.

On trouve les deux formes du ሎ dans ce manuscrit qui a les restes d'une vieille reliure où, comme en Europe, les derniers feuillets de l'ouvrage étaient recouverts par le cuir et collés contre les planches, arrangement fort rare en Éthiopie.

1. Vie de Ṗawli, ou saint Paul, anachorète et disciple de saint Antoine; 17 feuillets, dont 2 blancs.

2. Vie de saint Antoine; 61 feuillets, dont 1 blanc.

L'épilogue porte : « Nous te supplierons, notre roi Yoda, mets la couronne sur sa tête. » Le nom de Yoda n'existe pas dans les chronologies éthiopiennes.

N° 61. — ግድለ ፡ አቡነ ፡ ሳሙኤል
« Vie de notre père Samuel ».

26 sur 22; reliure déchirée, sans étui; premier et dernier feuillet collés aux planches; arabesques; écriture antique, sans hiéroglyphes; deux colonnes; parchemin plein de trous; bien conservé du reste; 100 feuillets.

1. Après une page et demie de prologue, « Vie et bonnes nouvelles de notre Père saint Samuel, grand, docteur parfait, chaste et haut, vigilant et élu, » etc.

C'était un saint d'Éthiopie.

N° 62. — መጽሐፈ ፡ ሚላድ፡ Maẓḥafa milad
« Livre de la naissance ».

35 sur 25; broché, sans planches ni étui; arabesques et quelques hiéroglyphes; deux colonnes; bien conservé; 167 feuillets.

1. « Traité qu'on lit le 29 du mois de Taḫsas et qu'on nomme Livre de la naissance nouvelle, à la fête de la naissance de Notre-Seigneur, Sauveur et Libérateur Jésus-Christ, roi par deux trônes መጸረ, de (*ex*) la Vierge Marie, comme dit Salomon, fondateur du Temple. Le roi Salomon se fit un trône des bois du Liban... Car Jésus-Christ naquit d'Aaron selon saint Luc, et de David selon saint Matthieu. » Traité de la naissance de Jésus-Christ; 8 feuillets.

2. Miracles de la naissance de Jésus-Christ; 8 feuillets.

3. Traité pour le 29 du mois de Ṭir; 9 feuillets.

4. Traité pour le 29 du mois de Yakatit; 10 feuillets.

5. Traité pour le 29 du mois de Magabit; 10 feuillets.

6. Traité pour le 29 du mois de Miyazya; 7 feuillets.

7. Traité pour le 29 du mois de Ginbot; 15 feuillets.

8. Traité pour le 29 du mois de Ginbot; 26 feuillets.

9. Traité pour le 29 du mois de Sane; 7 feuillets.

10. Traité pour le 29 du mois de Ḥamle; 9 feuillets.

11. Traité pour le 29 du mois de Naḥase; 23 feuillets.

12. Traité pour le 29 du mois de Maskarram; 5 feuillets.

13. Traité pour le 29 du mois de Ṭiqimt; 4 feuillets.

14. Traité pour le 29 du mois de Ṭiqimt; 13 feuillets.

15. Traité pour le 29 du mois de Ḥidar; 6 feuillets.

Ces traités sont pour chaque 29ᵉ jour de chaque mois, Noël étant le 29ᵉ du mois de Taḫsas.

16. « J'ai envoyé ce Livre de la naissance à toutes les églises et à toute la chrétienté, moi Zạr-ạ Yaʻiqob surnommé, comme roi, Quạṣṭạnṭinos, afin que vous croyiez en la naissance de Notre-Seigneur de la pure MARIE[1]... et afin que vous n'adoriez ni Dạsạk, ni Guịdale, ni Ṭạfạnt, ni Dino, ni Mạqawze, ni les devins, ni les prophétesses, ni la place publique (*forum* ou marché, dont on vénère le génie encore aujourd'hui)... Gạlawdyos et ʻAmdạ Maryam sont fils des rois, et Gạlawdyos a fait alliance avec ces esprits impurs... Et j'ai flagellé les uns et souffleté les autres de mes mains. » — 6 feuillets.

Le bon roi Zạr-ạ Yaʻiqob quitte brusquement ses exhortations à la vraie foi pour donner un petit traité du calendrier d'après Hénoch, qui a tout compté, dit-il.

17. Excommunication contre les voleurs, vendeurs et acheteurs de ce manuscrit; 1 feuillet.

On dirait aujourd'hui ⲙ·ⲗ·ⲣ·, mais le mot ⲙⲁⲗ·ⲣ· est répété à chaque mois; cet ouvrage est complétement inconnu des savants éthiopiens, et je n'ai pu apprendre s'il en existe un autre exemplaire dans le pays.

---

[1] Je mets ce nom en lettres capitales parce que tous les manuscrits éthiopiens l'écrivent en encre rouge, ce qui équivaut à nos majuscules.

N° 63. — ገድለ ፡ ተክለ ፡ ሐዋርያት Gadlạ Tạklạ Ḥawaryat
« Vie de Tạklạ Ḥawaryat (saint éthiopien) ».

36 sur 24; broché, avec *une* planche sans étui; deux colonnes; écriture antique; bien conservé; 57 feuillets.

1. Ce saint fut natif de Ịnar'ịt en 'Sạwa ሴዋ. — Sa vie occupe 45 feuillets.

2. Vie du Père Aron de Syrie; 12 feuillets.

N° 64. — ገድለ ፡ ሐዋርያት Gạdlạ Ḥạrwaryat
« Vies des Apôtres ».

34 sur 29; broché en planches sans étui; large écriture guịlḫ; arabesques; deux colonnes; 171 feuillets.

1. Vie de saint Pierre, et 1 feuillet blanc; son martyre occupe 3 feuillets; en tout 15 feuillets.

2. Vie de saint Paul; 2 feuillets.

3. Vie de saint Simon, surnommé Yhuda; 3 feuillets.

4. Vie de saint Jacques; 4 feuillets.

5. Vie de saint Bartholomée; 9 feuillets.

6. Vie de saint Matthieu; 10 feuillets.

7. Vie de saint Luc; 4 feuillets.

8. Vie de saint Philippe; 6 feuillets.

9. Vie de saint André; 28 feuillets.

10. Vie de saint Jean, fils de Zébédée; 24 feuillets, dont 6 sur le miracle du serpent.

Je suppose que ትእምርተ devrait être ici à la place de ትእመተ ; ce dernier mot dériverait de አመተ « mesura par coudées ».

11. Vie de saint Jacques, fils d'Alphée ; 1 feuillet.

12. Prédication de saint Mathias et de saint André, y compris le martyre de Mathias ; 15 feuillets.

13. Actes de saint Thomas ; 4 feuillets.

14. Actes de Jacques, fils de Zébédée ; 7 feuillets.

15. Martyre de Marc l'Évangéliste ; 5 feuillets.

16. Prédication de saint Thomas, y compris son martyre ; 18 f.

17. Prédication du bienheureux Jude ; 6 feuillets.

18. Traité de saint Denys l'Aréopagite ድዮስያኖስ ፡ አርዮስ ፡ ፋጎስ sous forme de lettre à saint Timothée ; 9 feuillets.

19. Épilogue ; 1 feuillet.

L'écriture de ce volume paraît appartenir à une époque de transition ; car, entre autres signes, on trouve la forme nouvelle (pétiolée) du ሎ, et la forme ancienne B du chiffre ፪ 2.

N° 65. — ሲኖዶስ Sinodos « Constitutions ».

39 sur 30 ; broché sans planches ni étuis, mais bien conservé ; écriture antique ; deux colonnes ; arabesques et hiéroglyphes marginaux.

Le titre détaillé est : ዝንቱ ፡ ሲኖዶስ ፡ ዘአበው ፡ ሐዋርያት ፡ ዘሠርዑ ፡ ለአርትዖ ፡ ቤተ ፡ ክርስቲያን Ceci est le recueil des canons des Pères apôtres qu'ils ont établi pour le bon ordre des églises.

1. Premier livre, en soixante et onze ordres ትእዛዝ ; 38 feuillets.

2. Table des matières, en cinquante-six portes; 1 feuillet.

3. Deuxième livre, en cinquante-six ordres; 6 feuillets.

Le dernier nomme les livres sacrés, mais ce dénombrement n'est pas admis en Éthiopie. Les Paralipomènes y sont nommés ተረፍት Restes, au lieu du nom plus connu de ሕውጋን. Le Kufale est placé entre Judith et l'Ecclésiastique; Isaïe est oublié; Qalemintos, qui est la vision de Jean, est compté, dit-il, par aucuns, dans le Nouveau-Testament.

4. አብጥሊስ Abṭilis au nombre de quatre-vingt-un (dits Abṭilis au prologue አብጢሊስ); 11 feuillets.

Le dernier de ces Abṭilis አብጥሊሳት fixe le nombre des livres de la Bible à quatre-vingt-un, d'où la Bible est nommée en Éthiopie ፹ወ፩ መጽሐፍ les Quatre-vingt-un livres. Voici la liste donnée par cet Abṭilis :

Le Pentateuque, composé de tout temps እምትካት de cinq pays :

1. Pays de la création ብሔር ፡ ዘፍጥረት.
2. Pays de la sortie des enfants d'Israël de l'Égypte.
3. Pays des prêtres ካህናት.
4. Pays du nombre des enfants d'Israël.
5. Pays de la seconde loi ዳግም ፡ ሕግ.
6. Iyasu, fils de Newe.
7. Pays des Juges.
8. Pays de Ruth.
9. Quatre pays des Rois.
10. Livre de Izra; deux pays.
11. Pays de Safonyas.
12. Pays de Milkyas.
13. Pays de Iyu-el.
14. Pays du chef መክብብ, fils de Dofonyas.
15. Pays de Iyob le Saint.
16. Psaumes de Dawit, au nombre de cent cinquante.
17. Proverbes de Salomon de l'église.

18. Cantique des cantiques.

19. Petits prophètes, au nombre de quinze : Ṭnbaqom, Isayyas, Erịmyas, Ḥizqi-el, Danị-el, Hoseï, Zạkaryas, fils de Barakin; Sagesse de Salomon; Judith; Livre détaché ኩፉሌ; trois de Iyasu, fils de Sirak, secrétaire de Salomon, fils de Dawit; douze petits prophètes; douze grands prophètes.

Cette singulière liste finit en disant que les livres de Qạlemịnṭos sont au nombre de huit (c'est le Sinodos ou les Canons), et qu'il ne faut pas les montrer à tout le monde, mais aux docteurs seulement.

5. ሥርዐተ ፡ ቤተ ፡ ክርስቲያን Règlement de l'église, en vingt-cinq ordres; 7 feuillets.

6. Table des vingt et un canons faits au concile de Sịrdịqe; 4 feuillets.

7. Canons de Awkạsirya, ou Règlements en douze prescriptions faites par cinq évêques en concile; douze ordres; 2 feuillets.

8. Trente ordres; 6 feuillets.

9. Quatre-vingt-un canons; 10 feuillets.

Ici est encore une autre énumération des quatre-vingt-un livres de la Bible; par exemple, on omet le Kufale et l'on compte trois livres des Machabées; le Sinodos y est compté pour huit.

10. Divers ordres des Apôtres; 12 feuillets.

11. Quatre-vingt-un règlements; 5 feuillets.

12. Ici se trouve la liste des Constitutions ሲማዶሳት, savoir :

Des douze Apôtres; vingt-six constitutions.

De Abolidịs de Rome; trente-huit constitutions.

Des trois cent dix-huit Pères; vingt constitutions.

Du concile de Enqo; vingt-huit constitutions.

Du concile de Qisarya (Césarée); vingt-cinq constitutions.

Du concile de Giṅgira; vingt constitutions.

Du concile de Anẓokya; quatre-vingt-quatre constitutions.

De saint Basile; cent dix-huit constitutions.

De saint Jean Chrysostome; douze constitutions.

Du concile de Quisṭinṭinya; vingt-trois constitutions.

Total : quatre cent soixante et dix, dit ce manuscrit; mais il n'y en a que trois cent quatre-vingt-quatorze.

13. Titres de quarante-neuf constitutions des Apôtres; 2 feuillets.

14. Les Vingt canons des trois cent dix-huit Pères; 4 feuillets.

15. Titres des quatre-vingt-quatre (il n'y en a que quatre-vingt-deux) constitutions d'Antioche; 2 feuillets.

16. Quatre-vingt-quatre ordres (l'épilogue les attribue aux trois cent dix-huit Pères); 12 feuillets.

17. Constitutions de Giṅgira (il y en a vingt et un ordres); 3 f.

18. Constitutions des cent quarante évêques du concile de Sirdiqe, vingt et un ordres; 3 feuillets.

19. Constitutions du concile d'Antioche, treize ordres; 4 feuillets.

20. Explication des dix commandements par saint Jean Chrysostome; 8 feuillets.

21. Questions à saint Pierre; 1 feuillet.

Toute cette partie du volume est sans doute l'une des quatre divisions, celle qu'on nomme ትእዛዝ ordres, ordonnances.

22. « Exposition ግጻዌ de la science de la loi et règlement et avertissement établis sur l'essence du Père, du Fils et du Saint-Esprit »; 2 feuillets.

1. Exposition de la séparation du bon et du mauvais; 1 feuillet.

2. Exposition sur la crainte du Seigneur; 5 feuillets.

3. Canons sur le peuple antique; 8 feuillets.

4. Cinq expositions et avertissements, abislitis, canons sur la réfutation des Juifs par saint Grégoire, patriarche d'Arménie አርማንያ; 5 f.

5. En sept expositions, règlement, doctrine, sagesse, avertissement, abislitis, canon pour ceux qui croient à l'essence du Seigneur, etc. 11 feuillets.

6. Huit abislitis ou canons sur la pénitence; 4 feuillets.

7. « Discours des trois cent dix-huit Pères pour être un édifice pour les moines »; 4 feuillets.

23. Constitutions de Laodicée ሎምዱቂያ où vingt-neuf évêques établirent cinquante-neuf ordonnances; 8 feuillets.

Ce volume contient quelques titres de colonnes en encre rouge, usage antique qui ne s'est malheureusement pas conservé dans les livres modernes. Comme les épilogues sont très-courts et les prologues confus, il n'est pas facile de reconnaître la division du Sinodos en huit livres; d'ailleurs beaucoup de mamhiran le divisent en quatre qu'ils intitulent : 1° ሥርዐተ ፡ ጽዮን, 2° አብጥሊስ, 3° ትእዛዝ, 4° ግጻዌ.

N° 66. — ስንክሳር Sinkisar « Recueil des vies des saints ».

44 sur 27; deux colonnes; arabesques et hiéroglyphes; 334 feuillets.

Ce manuscrit est de tous ceux que j'ai apportés d'Éthiopie celui qui est dans le plus mauvais état. Le commencement s'y trouve ainsi que la fin, mais les feuilles sont pour la plupart détachées. J'ai néanmoins tenu à le conserver, parce que, les manuscrits variant beaucoup, il était intéressant d'avoir un recueil *ancien* des vies des saints. Cet ouvrage, étant lu beaucoup, se conserve rarement; et je pouvais espérer de trouver dans les vies des saints natifs d'Éthiopie quelques éclaircissements sur l'histoire de ce pays, ainsi que j'en ai constaté dans les vies des neuf saints, collection rare qu'il m'a été impossible d'acheter ni même de faire transcrire.

N° 67. — ዜና ፡ እስክንድር Zena-Iskindịr
« Nouvelles d'Alexandre ».

22 sur 20; demi-relié; maḥdar et difat communs; deux colonnes; jolie écriture et parchemin modernes; 143 feuillets, dont 6 en blanc.

1. « Au nom du Seigneur trinitaire, premier sans commencement et dernier sans fin, commençons à écrire ce livre qui fut écrit sur les actes et le règne d'Alexandre, roi aimé du Seigneur; que sa prière et ses dons soient avec son cher Basile et avec notre roi Dawit (David) dans tous les siècles des siècles, amen. »

J'ai copié tout ce prologue, parce qu'il donne une idée de la manière dont les Éthiopiens commencent leurs livres, aucun écrivain ne prenant la plume pour un ouvrage de longue haleine sans invoquer Dieu. Dans les ouvrages anciens, ces prologues occupent parfois plus d'une page entière, et quelques-uns sont en vers ou du moins en phrases rimées fort difficiles à rendre dans la langue française, qui répugne tant à des idées vaporeuses dépourvues pour nous de ce charme inné aux langues orientales. Ces prologues finissent ordinairement en invoquant les prières du saint dont on va narrer les bonnes œuvres; l'invocation est au profit du propriétaire du volume, dont le nom s'y trouve inscrit en caractères rouges. Quand on achète un livre, on efface le nom de son prédécesseur pour y inscrire le sien; on y ajoute quelquefois celui de sa femme, rarement ceux de ses enfants, et plus rarement encore, comme ici, le nom du roi régnant. Il est facile de concevoir comment un copiste ignorant, accoutumé à transcrire des vies de saints, a enrôlé, par habitude, le guerrier Alexandre dans la liste des bienheureux; de là à implorer les mérites de son intercession il n'y a pas loin. Je me hâte néanmoins d'ajouter que cet ouvrage est le seul où les fervents mais naïfs Éthiopiens aient songé à canoniser Alexandre, roi de Macédoine.

Après l'exorde viennent trois pages écrites contre les femmes, sous prétexte de l'extrême chasteté d'Alexandre de Macédoine መቄ ዶንያ; son père Philippe avait le don de prophétie, et il épousa Kuistebar, qui fut mère d'Alexandre. Astaloba, c'est-à-dire la Balance du soleil, était l'astrologue de Philippe. En voilà assez pour faire voir que ces nouvelles d'Alexandre sont fort peu véridiques; en effet, il veut se faire baptiser, dompte les mauvais génies, et son cheval l'emporte du désert dans la tente spirituelle où il trouve Hénoch et Élias; le héros met pied à terre pour les adorer, traverse la mer des ténèbres dans une barque traînée par des vautours impurs....... désire être le séjour de l'Esprit saint, etc. Cette histoire, où les faits sont altérés dans un but pieux, occupe 50 feuillets.

2. Notice sur Alexandre d'après Abušakir; 6 feuillets.

« Le patriarche de Rome dit dans son histoire qu'il régna soixante et douze ans, et Si'id ስዒድ dit trente-deux ans; et il avait deux cornes, ce qui s'explique parce qu'il régnait par les deux cornes du Soleil, de l'est à l'ouest, » etc.

3. « Aspect de discours trouvés chez Giyorgis, fils de Amid »; vingt-huit nouvelles; 5 feuillets.

4. « Nouvelles de Sikindis, savant roi du Jindiryanok ». Conversa-

tions sur divers sujets philosophiques qui sont expliqués par Sikindis; 42 feuillets.

Ainsi : « Quand des vents différents se gênent et ne trouvent pas d'issue, il en sort de la chaleur et de la flamme; c'est ainsi que l'éclair sort de l'emprisonnement du vent dans un nuage. » Ce traité est divisé par *questions*.

5. Histoire depuis la création jusqu'à Abraham, et contes sur le même sujet (sans titre); 36 feuillets.

N° 68. — ጊዮርጊስ ፡ ወልደ ፡ አሚድ Giyorgis walda Amid « Georges, fils de Amid ».

34 sur 29; broché en planches, sans étui; trois colonnes; 113 feuillets, y compris 5 feuillets en blanc.

1. Résumé d'histoire universelle finissant à Moriq, Qufa et Hirqal, rois de Rome (empereurs d'Orient?), et indiquant ensuite la venue des Musulmans ተንበላት en Égypte dans l'année 714 de l'ère chrétienne, sous Amru, fils de Il-as; 108 feuillets.

Le manque de critique et les erreurs matérielles abondent dans cet ouvrage, qui fut écrit par un Égyptien, Georges fils de Amid.

2. Liste des livres du monastère de Tana Qirqos, et des vases sacrés et meubles de son église; 1 feuillet.

D'après cette liste, ce volume, qui est d'une belle écriture, a dû être écrit sous le règne de Iyasu le Grand, c'est-à-dire vers l'an 1690 de notre ère.

N° 69. — መጽሐፈ ፡ ብርሃን Maẓḥafa briḥan
« Livre de lumière ».

32 sur 23; broché en planches, sans étui; deux colonnes; écriture antique et inégale; brochage raccommodé; hiéroglyphes; 134 feuillets.

Ce livre fut composé par Zar-a Yaʿiqob pour ramener les idolâtres au vrai culte. Mon manuscrit paraît être contemporain de ce roi et daterait donc du milieu du xve siècle.

1. Table des chapitres አርእስት (au nombre de cent dix-sept); 4 feuillets.

On voit par cette table que l'ouvrage est un code ou recueil de recommandations faites par Zar-a Yaʿiqob à ses sujets. Ainsi il leur ordonne d'ouvrir leurs portes dès l'aurore, usage universellement suivi aujourd'hui; de chômer le samedi et le dimanche, et de ne pas chômer le samedi à partir de trois heures (neuf heures du matin) seulement; de respecter le roi, même en l'absence de témoins; de donner des présents à l'église, même des poules et des oiseaux; de ne pas manger dans l'enceinte de l'église, d'y enterrer tous les Chrétiens, et de ne pas faire des ordures au pourtour. Le royal auteur se plaint de ce que tous ses sujets portent des noms étrangers à la Bible, ce qui ressemble à l'idolâtrie; de la rébellion des pays du Damot (le grand Damot) et de Andagabtan. A l'égard du sabbat, il affirme gravement que les fleuves ne troublent pas le repos de leurs sables le samedi. Il dit qu'il ne faut pas boire l'hydromel en carême, qu'il est bon de manger du poisson alors, et il accuse les Juifs አይሁዳዊ de manger des enfants.

2. Corps de l'ouvrage :

> Premier dimanche; 27 feuillets.
>
> Deuxième dimanche, c'est-à-dire ce qui doit être lu dans toutes les églises de l'Éthiopie, le deuxième dimanche de chaque mois; 23 feuillets.
>
> Troisième dimanche; 26 feuillets.
>
> Quatrième dimanche; 25 feuillets.
>
> Lundi de la Passion; 16 feuillets.

3. Épilogue (qui n'a pas été écrit par Zar-a Ya'iqob); 2 feuillets.

4. መጽሐፈ ፡ ባሕርየ (sic) Livre de substance (plus loin c'est ባሕርይ); 6 feuillets.

C'est-à-dire prières de l'extrême-onction, après que le malade se sera confessé à un prêtre; on doit les dire sur l'huile d'olive et avant l'onction.

5. Liste de meubles d'église; 1 feuillet.

6. Épilogue et résolutions par un autre auteur que le roi Zar-a Ya'iqob; 4 feuillets.

N° 70. — መልክዐ ፡ ሚካኤል Malk'a Mika-el « Image de saint Michel ».

13 sur 9; broché en planches, étui simple; une colonne.

1. Prières; 8 feuillets.

2. መልክዐ ፡ መድኃኔ ፡ ዓለም Image du Sauveur du monde; 8 feuillets.

3. መልክዐ ፡ ሚካኤል Image de (saint) Michel; 10 feuillets.

4. Prière; 1 feuillet.

Ces መልክዕ malk'i, mot que je traduis par « images », sont des éjaculations successivement adressées à toutes les parties du corps d'un saint. Ils sont en vers et on les répète en chœur après la messe d'office.

N° 71. — ሥርዐተ ፡ ምንኩስና Ṣir'ata minkuisinna
« Règlements de la vie monastique ».

22 sur 19; broché en planches, sans étui; mais bien conservé et sur beau parchemin; écriture guilḫ et moderne; 97 feuillets, dont 6 blancs.

1. Règlements de la vie monastique, par Jacob de Ṣirug (en Mésopotamie); 89 feuillets.

2. መዋሥዕት ፡ ዘፈላስያን Plain-chant des exilés (du monde), avec les notes de musique; 2 feuillets.

N° 72. — ሥርዐተ ፡ ቅዳሴ Ṣir'ata qiddase
« Ordinaire de la messe ».

17 sur 16; un reste de mauvaise reliure enlevée sur les bords; un vieil étui; 192 feuillets, dont 8 blancs ou à peu près.

1. ኪዳን ፡ ዘነግህ Matines (avec les signes de musique en rouge jusqu'au 10ᵉ feuillet); 15 feuillets.

2. ጸሎተ ፡ ዕጣን Prière de l'encens; 11 feuillets.

3. Prière de l'encens pour le soir et selon l'Égypte; 5 feuillets.

4. Règlement de la messe, c'est-à-dire ordinaire de la messe, première partie; 5 feuillets.

5. Règlement, seconde partie; 28 feuillets.

Le 19ᵉ feuillet a été troué après coup, ce qui a détruit quelques lettres; il commence comme notre préface de la messe.

6. Actions de grâces; 19 feuillets.

7. Actions de grâces après la communion, par saint Diyosqoros; 3 feuillets.

8. Actions de grâces de saint Jean l'Évangéliste; 11 feuillets.

9. Actions de grâces de saint Ḥiryaqos de Biḥinsa; 11 feuillets.

10. Actions de grâces des trois cent dix-huit orthodoxes (Pères du concile de Nicée); 10 feuillets.

11. Actions de grâces de Ya'iqob de Sirug; 6 feuillets.

12. Actions de grâces de saint Jean Chrysostome; 6 feuillets.

13. Actions de grâces de saint Epefanyus; 7 feuillets.

14. Actions de grâces de saint Gorgoryos; 5 feuillets.

15. Prière de la fracture (de l'hostie), imposition des mains, etc. 5 feuillets.

16. Actions de grâces après la communion, par saint Athanase; 12 feuillets.

17. Actions de grâces de saint Basile; 7 feuillets.

18. Bénédiction, etc. 4 feuillets.

19. Actions de grâces après la communion, etc. 8 feuillets.

20. Imposition des mains pour la messe des Apôtres; 1 feuillet.

21. Notes, noms d'hommes; 1 feuillet.

22. Actions de grâces après la communion, de saint Grégoire d'Arménie; 5 feuillets.

23. Prière où les mots rouges font lacune; 5 feuillets.

N° 73. — ነገረ ፡ ፈላስፋ Nagara falasfa
« Discours de philosophie ».

23 sur 20; broché, sans planches ni étui; deux colonnes; écriture moderne, mais inégale et mal peinte; 46 feuillets, dont 2 blancs; même ouvrage que le n° 26, 2.

N° 74. — ድርሳነ ፡ ኪዳነ ፡ ምሕረት Dirsana kidana mihrat
« Traité sur la sainte Vierge ».

19 sur 15; broché, avec une planche et sans étui; écriture antique; 82 feuillets, dont 1 blanc.

Kidana mihrat signifie « Pacte de miséricorde ». C'est l'un des noms favoris de la Vierge MARIE, sous lequel on lui dédie des églises en Éthiopie.

Selon l'épilogue de ce manuscrit « il fut écrit et achevé በመቅደስ ፡ ዛና ፡ ዐያድ dans l'église de Zana (île du lac Tana ou Zana) gouvernée alors par le ንቡረ ፡ እድ (imposé des mains, sorte d'abbé laï) Sinoda de Asaf, sous le règne de Na-od, après la destruction des ennemis du peuple des Juifs; quant à nous, Chrétiens, c'était quand, sous le règne de l'Éternel, Jésus ወልደ ፡ ፍቁር son fils bien-aimé nous gouvernait comme roi. »

Ce manuscrit date donc du commencement du XVIᵉ siècle.

N° 75. — **ዜና ፡ አበው** Zena abạw « Notices des Pères ».

24 sur 20; mauvais étui; reliure un peu fanée, avec carrés de brocart à fond bleu céleste; trois colonnes; écriture belle et élancée; encre légèrement collante; 211 feuillets.

1. « Livre des notices des Pères et des discours tenus **ዘተስእሉ** entre eux et qui sont utiles et bons au lecteur et à celui qui les entend ».

Discours et réponses de divers saints et docteurs sur des sujets de piété, en cent soixante et douze paragraphes; 161 feuillets.

2. Règlements et prescription du père Pakumis (*sic*) (saint Pacôme) sur la constitution **ሕንፀ** des moines; 9 feuillets.

En tête est le chiffre 19, dont je ne m'explique pas l'origine.

3. 1° Traité du père Wạgris contre les sectateurs de Lyon (saint Léon, pape); 4 feuillets.

2° (Extrait) du traité des dires **ባሕሉ** du père Wạgris, en neuf paragraphes, dont les six premiers sont numérotés; 12 feuillets.

Selon l'épilogue, cet extrait a été traduit de l'arabe en gi'iz. Suit une page en blanc.

4. Septième traité, sur le démon de la luxure; 7 feuillets.

5. Huitième traité, sur le démon des insultes; 3 feuillets.

6. Treizième (*sic*) traité, sur les frères qui ont entrepris de commencer ces règles; 4 feuillets.

7. Vingt-cinquième (*sic*) traité, sur la retraite du monde et l'éloignement des douceurs de la vie **ሕንቃቄ**; 3 feuillets.

8. Vingt-huitième (sic) traité, lettre d'un des frères; 4 feuillets.
9. Envoi de la vingt-huitième lettre; 1 feuillet.
10. Envoi de la trente et unième lettre; 1 feuillet.
11. Envoi de la trente-troisième lettre; 2 feuillets.

N° 76. — መጽሐፈ፡ሳዊሮስ Maẓḥafa Sawiros
« Livre de Sawiros ».

20 sur 18; demi-relié; maḥdar et difat de mas en bon état; deux colonnes; jolie écriture moderne; 135 feuillets, y compris 3 feuillets blancs.

1. Le titre de ce manuscrit est ainsi donné dans le prologue :

« Douze traités sur la dignité de la vraie foi chrétienne, et sur son excellence ልዕልና et sa grandeur au-dessus des autres religions, composés par le saint père Sawiros, évêque de la ville de Ismunayn, dans le pays d'Égypte ». Je transcris la table des matières qui suit :

1. Sur l'explication des trois essences du Seigneur et leur union; 13 feuillets.

2. Sur la manifestation de l'Incarnation du fils du Seigneur et sur son crucifiement; 24 feuillets.

3. Explication des paroles du Pentateuque et de Josué, qui démontrent la dignité de la vraie foi chrétienne; 11 feuillets.

4. Explication de Pâques ፉስህ et de l'agneau, et sur ce que le pain et le vin deviennent la chair et le sang de Notre-Seigneur le Christ; 9 feuillets.

5. Sur la guerre des démons aux fidèles, et comment ceux-ci les vaincront; 7 feuillets.

6. Explication de l'observance du jour de dimanche; 7 feuillets.

7. Manifestation de la cause du jeûne des deux jours, mercredi et vendredi; 7 feuillets.

8. Ce que c'est que le jeûne, et comment on le pratique; 6 feuillets.

9. Ce qu'est cette mort que le Seigneur vainquit sur la croix, et réfutation de l'opinion que c'est un ange prédestiné par Dieu pour faire mourir les hommes; 7 feuillets.

10. Sur la stabilité de la vraie foi jacobite et sur sa grandeur; exposé de toutes les religions perverties የጌ ማኖታተ ፡ ወሉጣተ ; 9 feuillets.

11. Explication des cantiques ስብሐት de Moïse, de sa sœur Marya, du cent trente-cinquième psaume, du cent cinquantième, de la vision de Daniel et du cantique des trois enfants; 14 feuillets.

12. Sur la consolation des chrétiens et leur patience dans la tristesse et les calamités; 4 feuillets.

2. Traité de saint Jean Chrysostome sur l'Annonciation; 6 f.

3. Louanges de Notre-Dame vierge la pure MARIE, mère de Dieu, par le père Isaac (la première page est au verso, ce qui est rare en Éthiopie); 3 feuillets.

N° 77. — በድራን Badran « Lettres de Badran ».

24 sur 20; reliure vieille, sans étui, à croix presque grecque; dos raccommodé, mais en haillons; deux colonnes; écriture vieille; volume fatigué par la lecture; 262 feuillets, dont 3 blancs.

1. Lettre de Badran, fils de Simon d'Arménie, sur l'esprit des bonnes œuvres, adressée à un fils béni, chercheur d'occasions pour les œuvres surérogatoires et spirituelles »; 30 feuillets.

2. Deuxième lettre du même à un fils béni par la foi, religieux, demeurant avec saint Antoine au mont 'Araba; 4 feuillets.

3. Troisième lettre; 4 feuillets.

Cette partie du volume est sous-divisée ainsi qu'il suit :

1. Première section. Sur les mystères de l'orgine de l'essence humaine ; 2 feuillets.

2. Deuxième section. Sur les mystères de l'origine de l'essence humaine; 4 feuillets.

3. Troisième section. Sur le mystère de l'exhortation de l'homme; 2 f.

4. Quatrième section. Sur le mystère de l'arrivée de la démence humaine; 8 feuillets.

5. Cinquième section. Du blâme de soi-même devant le Créateur; 2 f.

6. Sixième section. Du mystère des deux natures, à savoir : de l'esprit et du corps; 3 feuillets.

7. Septième section. Sur la séparation des esprits purs de ceux qui sont impurs, ténébreux et sataniques; 4 feuillets.

8. Huitième section. De la rencontre du royaume spirituel au milieu du monde charnel; 6 feuillets.

9. Neuvième section. Du mystère de la connaissance des esclaves du roi et de ses messagers spirituels; 3 f.

10. Dixième section. Sur le mystère des occasions du mal.

4. Notices des Juifs. Même ouvrage que le n° 38; 182 feuillets.

5. Quelques Qine ou poésies sacrées; 1 feuillet.

Badran n'est pas connu des mamhiran d'aujourd'hui; et quant à l'ouvrage de Joseph, ils n'en connaissent pas d'autre; j'ai vainement cherché partout un manuscrit des Antiquités juives pour y consulter le fameux passage relatif à Notre-Seigneur Jésus-Christ. Josèphe, l'auteur célèbre, paraît, en effet, n'avoir pas été traduit en gi'iz.

N° 78. — ቀሌምንጦስ Qalemintos « Canons apostoliques de saint Clément ».

27 sur 24; broché en planches, sans étui, mais en très-bon état; deux colonnes; beau guilh moderne; 209 feuillets, dont 3 blancs.

« Qalemintos, disciple de saint Pierre, étant retourné à sa famille après vingt ans d'absence, fut questionné par les Juifs sur la Genèse : ils affirmaient aussi que la Vierge MARIE n'était pas de la tribu de Juda. Le disciple, n'ayant pas les connaissances nécessaires pour soutenir ces controverses, alla s'adresser à saint Pierre, dont les instructions sont écrites dans ce volume. »

1. Sur l'Ancien-Testament jusqu'à Josaphat; 41 feuillets.

2. Mystères et prédictions de saint Pierre; 27 feuillets.

On a eu soin, en prophétisant la venue de tels et tels rois, de laisser leurs noms en blanc, ou désignés par une seule lettre.

3. Force et prodiges montrés par le Seigneur au bienheureux Pierre, chef des Apôtres; 52 feuillets.

4. Tout ce qui se passera au ciel et sur terre, sur ce qui concerne la miséricorde des hommes; 39 feuillets.

5. Règlements ሥርዓት de l'Église, donnés par Notre-Seigneur Jésus-Christ à (saint) Pierre; 8 feuillets.

6. Sur le bâton dont Moïse frappa le rocher, etc. 18 feuillets.

7. Explication de la troisième vision de Pierre, fils de Yona; 21 feuillets.

N° 79. — ዲድስቅልያ Didisqilya (Διδασκαλία) « Doctrine ».

29 sur 25; broché avec une planche; d'ailleurs belle écriture et manuscrit bien conservé; 2 colonnes; 125 feuillets, dont 2 blancs.

1. Enseignement de la doctrine des saints Pères les Apôtres.

Cet ouvrage est décrit par Ludolf dans son commentaire, p. 334. Le détail des chapitres s'accorde très-bien jusqu'au vingt-cinquième; mais mon manuscrit en a vingt et un de plus, et il y aurait quarante-six chapitres ou canons, au lieu des trente-huit indiqués par Ludolf. Les titres en rouge, c'est-à-dire les premières phrases des chapitres, manquent dans mon manuscrit après le quinzième. Ce volume, quoique d'une écriture moderne, a quelques hiéroglyphes.

N° 80. — ርቱዐ ፡ ሃይማኖት Ṛitu'a Haymanot
« L'orthodoxe ».

38 sur 27; broché en planches; écriture antique, avec arabesques et hiéroglyphes; volume fort dilapidé; deux colonnes; 152 feuillets, dont 3 blancs, avec des esquisses d'arabesques.

1. Préface; 4 feuillets.

2. Traité de l'orthodoxe sur la naissance de Dieu, par (*ex*) Marie; 9 feuillets.

3. Traité de l'orthodoxe sur le baptême dans le Jourdain; 9 f.

4. Traité de l'orthodoxe, qu'on doit lire au commencement du carême; 3 feuillets.

5. Traité sur les œuvres de sainteté, à lire le dimanche de carême; 2 feuillets.

6. Traité sur les œuvres de sainteté, à lire le deuxième dimanche de carême; 3 feuillets.

7. Traité sur le Paralytique. Autre qu'on lit le jour du mont des Olives; 3 feuillets.

8. Traité sur la vie monastique et le mariage, à lire le cinquième dimanche de carême; 3 feuillets.

9. Traité sur la connaissance et l'amour du Seigneur; 11 feuillets.

10. Traité sur la trahison de saint Pierre (jeudi-saint); 5 feuillets.

11. Traité sur la question de Pilate à Notre-Seigneur (vendredi saint); 6 feuillets.

12. Traité de Ḥiryaqos, évêque de Bihinse, sur les pleurs de Marie au Calvaire; 10 feuillets.

13. Traité sur la mort de Notre-Seigneur et sur le voleur (crucifié) à sa droite; 13 feuillets.

14. Traité pour le jour de Pâques; 11 feuillets.

15. Traité sur l'Ascension; 6 feuillets.

16. Traité sur la Trinité et l'Unité (pour la Pentecôte); 10 feuillets.

17. Traité sur la dignité des douze disciples (pour la fête des Apôtres, le 5 ḥamle); 3 feuillets.

18. Traité sur Jésus-Christ, Moïse et Élie (pour le jour de la Transfiguration); 5 feuillets.

19. Traité sur MARIE, mère de Dieu, du Seigneur, de la lumière, de la vie, etc. 13 feuillets.

20. Traité sur les quatre Bêtes de l'Apocalypse; 5 feuillets.

21. Sur saint Michel; 6 feuillets.

22. Lecture pour le jour de la Conception, le 29 magabit; 12 feuillets.

N° 81. — መጽሐፈ ፡ ፈላስፋ ፡ ጠቢባን Maẓhafa Falasfa ṭabiban
« Livre du philosophe des sages ».

21 sur 11; maḫdar et difat communs, mais en bon état; reliure informe, mais bien conservée; croix encadrée; carrés de coton bleu; deux colonnes; 75 feuillets, dont 4 blancs.

1. Falasfa, même ouvrage qu'au n° 26, 2, en deux cent quatre-vingt-dix-huit paragraphes; 66 feuillets.

2. Abrégé d'histoire locale, finissant à la vingt-sixième année de Malak Saggad (imparfait à la fin); 9 feuillets.

Les lignes de cette écriture sont très-rapprochées et les lettres sont plus élancées qu'à l'ordinaire. La croix encadrée sur la reliure était à la mode depuis 1830 jusque vers 1845; elle indique donc une reliure plus moderne que l'écriture, car je rapporte celle-ci au règne du grand Iyasu, peut-être sans des motifs suffisants.

N° 82. — ዐ ወንጌል Arba'itu Wangel « Les quatre Évangiles ».

77 millimètres sur 81; demi-relié en planches de mas; deux colonnes; mahdar de peau de lion; 72 feuillets, y compris les portraits.

Ce livre est le plus petit que j'aie vu en Éthiopie. Il fut écrit ainsi pour être porté au cou, en guise de charme ou talisman, et fut achevé il y a environ vingt ans. Il est orné d'images, savoir : 1° au revers de la planche, le crucifiement; 2° saint Gabriel; 3° saint Matthieu écrivant : il tient la plume comme les Éthiopiens, avec le pouce et l'index seulement; au revers du portrait sont la mention et la date du don que me fit le alaqa (curé) Fanta de ce curieux manuscrit; 4° saint Gabriel dictant à saint Marc; 5° sur le *verso*, saint Marc; 6° le même ange préside à saint Luc, qui est représenté sur le feuillet suivant. Il en est de même de saint Jean, ce qui fait neuf figures en tout.

L'Évangile de saint Luc est de l'écriture la plus fine; les lettres n'ont qu'environ six dixièmes de millimètre de hauteur, leur largeur moyenne étant environ un millimètre. L'Évangile de saint Jean est écrit en caractères plus gros, mais de bien peu; et comme c'est la lecture favorite des dévots éthiopiens, il est divisé en sept portions correspondant aux sept jours de la semaine.

Vu la petitesse de ce volume, je l'avais emporté à Inarya, dans mon premier voyage, et j'ai pu reconnaître que le texte est plein de salama, nom qu'on donne aux gloses marginales insérées dans le texte par l'ignorance des copistes, et qui remplissent le abinnat (texte primitif) de redondances oiseuses.

1. Saint Matthieu; 23 feuillets.

2. Saint Marc; 8 feuillets.

3. Saint Luc; 14 feuillets.

4. Saint Jean; 19 feuillets et demi.

N° 83. — አርጋኖን Arganon
« Louanges de la sainte Vierge ».

44 sur 38; belle reliure bien conservée, mais à carrés nus; deux colonnes; maḥdar et difat offrant des restes de reliure; admirable spécimen de l'écriture guilḫ; 1 feuillet blanc en tête, puis un autre ayant au *recto* le carton d'un tableau de la sainte Vierge avec son enfant et deux anges; au *verso*, le même sujet est répété, mais avec un seul añge, qui donne une fleur au divin Enfant; 260 f.

Si le manuscrit n° 82 offre la plus fine écriture que j'aie vue, celui-ci contient au contraire la plus grosse; car la hauteur des lettres varie de dix à quinze millimètres, et leurs pleins ont quelquefois quatre millimètres de largeur. On a choisi le plus beau parchemin d'Éthiopie, afin d'écrire ce volume pour la terrible prison de Wiḫni, où l'on reléguait tous les membres de la famille royale, sur une colonne naturelle haute de plus de deux cents mètres. Cet Arganon fut écrit sous le grand Iyasu, par l'un de ces scribes entretenus aux frais du roi des rois, qui chômaient toujours les samedis et dimanches, et passaient les lundis à se refaire la main avant d'aborder cette écriture **gigantesque**, où les fautes étaient ineffaçables, et où le moindre défaut de symétrie se laissait apercevoir à la première vue. — Le texte de ce manuscrit est le même que celui du n° 4.

N° 84. — ድርሳነ ሚካኤል Dirsana Mika-el
« Traité sur saint Michel ».

18 sur 17; demi-relié, sans étui; une planche presque détachée; 72 feuillets, dont 2 blancs, et un portrait de l'archange; méchante écriture en deux colonnes.

Ce traité est divisé en douze parties, pour les douze mois de l'année. L'eau a totalement effacé près d'une colonne au commencement du mois de Naḥase, et les feuillets voisins en ont été tachés.

N° 85. — **ገድለ ፡ አበው** Gạdlạ Abạw « Vies des Pères ».

30 sur 27; belle reliure, un peu fatiguée; carrés vides; maḫdạr simple en mauvais état; écriture moderne en trois colonnes; 166 feuillets, dont 3 blancs.

1. **ቃላተ ፡ አቡነ ፡ ማር ፡ ይስሐቅ** Paroles de notre père le docteur Yshạq; 56 feuillets.

Cet ouvrage est divisé par des titres rouges en trente-quatre portes, dont quelques-unes sont subdivisées en **ምእራፍ** ou « repos ».

2. Vie des Pères saints, chastes, élus, justes, ascétiques, bons, etc. 101 feuillets.

Cet ouvrage est divisé en quatre cent quarante-sept paragraphes, pas toujours numérotés avec suite, et contient plutôt les dires remarquables et opinions de divers saints que l'histoire des vertus et austérités qu'ils ont pratiquées pour mériter le royaume des cieux. Le mot gạdịl s'applique ordinairement à l'histoire de la vie des saints.

3. Vie du saint père Abunafịr; 6 feuillets.

N° 86. — **ሐሳባተ** Ḥạsabat « Méthodes de divination ».

17 sur 11; broché en mas; maḫdạr et dịfat communs; écriture moderne, serrée, tantôt en une, tantôt en deux colonnes; 76 feuillets.

Comme toute œuvre a besoin d'un nom, j'ai forgé le titre ci-dessus pour ce livre ténébreux : il est le fruit de cette triste tendance de l'esprit humain à vouloir deviner l'avenir, en s'adressant à des formules magistrales plutôt qu'à la raison, ou au pouvoir si grand d'une ferme volonté.

Il est parfaitement inutile aux orientalistes d'apprendre le détail de ce volume, où se heurtent les noms les plus étranges et les assertions les plus improbables. On y a traité avec soin la divination par les livres d'Esdras, d'Hénoch, et surtout par les psaumes : cette dernière, dite ሐሳበ ፡ ዳዊት, est même fort à la mode en Éthiopie, où tout homme qui sait lire a un Dawit (livre de psaumes) à sa disposition. La géomancie n'est pas oubliée et suit de près les errements de notre géomancie du moyen âge. Des noms latins sont employés dans la section d'astrologie, et l'on a même écrit des caractères arabes dans les abinnat, ou formules incompréhensibles, qui se basent sur cette croyance au pouvoir de certains noms que les Juifs ont peut-être jadis transmise à l'Éthiopie, en même temps que leur foi. Ce volume a aussi une collection de talismans ጠልሰም, dont la puissance est aussi grande que celle des collections de lettres étranges et incompréhensibles. A cet égard on admire, en la déplorant, la foi inébranlable des Éthiopiens les plus instruits.

N° 87. — መዝገበ ፡ ድጓ Mazgaba Diggua
« Recueil de plain-chant ».

38 sur 33; belle reliure peu usée; maḥdar de mas en bon état; chaque page a trois colonnes d'une écriture fine et jolie, les signes de musique étant, comme à l'ordinaire, interlignés en caractères très-fins; carrés de velours rouge; 208 feuillets, y compris un feuillet blanc.

Les lettres de ce manuscrit ont tout au plus deux millimètres de hauteur, ce qui est très-petit pour un aussi gros volume.

Ce livre est l'antiphonaire des Éthiopiens, qui le recherchent beaucoup; aussi est-il rarement en vente. Le ጾመ ፡ ድጓ ou service des chants du carême est la seule portion qui manque pour en faire une collection complète des chants d'église. Les principales sous-divisions de mon manuscrit sont :

1. Diggua ou plain-chant ordinaire, à commencer par la fête de saint Jean-Baptiste, qui est le premier jour de l'an en Éthiopie.

1. Psaumes tant selon le mode gi'iz que selon celui qu'on nomme araray; 67 feuillets.

2. Salam (salutations); 24 feuillets.
3. Wazema (chant des Vigiles); 14 f.
4. Izl (chants dans le mode 'izl); 14 f.

5. Za arba'it, office de Quartes, pour toute l'année; 8 feuillets.
6. ዘሰላስት Za salast, chant de Tierces; 11 feuillets.
7. አርያም Aryam; 8 feuillets.
8. Service de Takla haymanot; 1 f.

2. ዝማሬ Zimmare (autre sorte de chant); 25 feuillets.

3. Chants du Credo ጸሎት ፡ ሃይማኖት, du Pater, et celui de l'armée des anges; 1 feuillet.

4. ምዕራፍ Mi'iraf, service chanté, pour toute l'année; 20 feuillets.

5. መዋስዕት Mawas'it, service de ce nom pour toute l'année; 15 feuillets.

Le texte de cet antiphonaire n'est intéressant que par un petit nombre de traditions que son auteur, saint Yared, y a fait entrer et qui ne se trouvent pas ailleurs.

N° 88. — ገድለ ፡ ወለተ ፡ ኴጥርስ Gadla Walata Petros « Vie de Walata Petros (fille de saint Pierre) ».

25 sur 22; broché en planches; mahdar, difat et couverture de coton; écrit en guilh moderne sur deux colonnes, y compris trois portraits des miracles de Walatti.

1. 1° Sur une vision sainte; 2° Louanges de Marie; 1 feuillet.
2. Vie de Walata Petros; 166 feuillets.

3. Prose መልኮ en l'honneur de Walatti; 6 feuillets.

4. Vers en l'honneur de Iḫita Kristos (sœur du Christ), autre sainte; 5 feuillets.

Le sanctuaire de Walata Petros est à Quarata, ville située sur le lac Ṭana, et qui, lors de mon voyage, était la plus peuplée en Éthiopie, ayant plus de douze mille âmes. Ses habitants appellent leur sainte Walatti, par abréviation. Elle vivait sous le roi Fasiladas, qui expulsa les Jésuites, dont on blâme la foi dans cet ouvrage; la vie de cette sainte fut écrite en 1714 ou 1715, selon l'épilogue. Elle vécut principalement dans le lac, allant d'une île à l'autre pour y fonder des communautés, qui furent successivement détruites par les fièvres pernicieuses si communes sur tout le pourtour du Ṭana. Aussi les habitants de Quarata désignent-ils par « communautés ማኅበር » les sections du livre. Cette sainte est peut-être la dernière que la voix du peuple ait canonisée en Éthiopie, où l'on n'a pas nos règles précises sur la béatification et la canonisation.

N° 89. — ገድል ፡ አባ ፡ ገሪማ Gadla Abba Garima
« Vie de Abba Garima ».

22 sur 19; broché, sans planches ni étui; écriture antique; arabesques et hiéroglyphes; deux colonnes.

Abba, ou Abuna Garima était l'un des neuf saints : sa Vie remplit les 26 feuillets et demi de ce manuscrit.

N° 90. — መጽሐፈ ፡ ኪዳን Maẓhafa kidan
« Livre de l'alliance ».

22 sur 18; broché en planches, sans étui; écriture guilḫ ancienne, en deux

colonnes, mais de l'époque où le ሎ était tantôt sans pétiole et tantôt avec cet appendice; quelques hiéroglyphes; 114 feuillets, dont 1 blanc à la fin.

1. Même ouvrage que j'ai décrit au n° 51, 2; 80 feuillets.

2. Même ouvrage, seconde partie; 34 feuillets.

Comme au n° 51, 3, cette seconde partie n'a pas de titres de sections; elle commence et finit autrement qu'au n° 51.

N° 91. — ላሕ ፡ ማርያም Laḫa Maryam
« Pleurs de MARIE ».

28 sur 19; broché, avec une planche et demie, sans étui; écriture antique, sur deux colonnes; arabesques et hiéroglyphes; 106 feuillets, dont 4 blancs.

1. Pleurs de Marie, traité par Abba Hiryaqos, évêque de Baḥinsa; 28 feuillets.

Ce traité destiné, selon un faux titre, à être lu le vendredi saint, a été, suivant l'épilogue, traduit en gi'iz par le bienheureux Salama. Sans doute il s'agit du premier évêque d'Éthiopie. Le nom de Marie n'est pas écrit en rouge ici.

2. ተአምረ ፡ ማርያም Miracles de Marie (huit miracles); 8 f.

3. ዘገብረ ፡ እንድርያስ Ce que fit André (saint André l'apôtre); 19 feuillets.

4. 1° ዘቶማስ Actes de Thomas (l'apôtre); 8 feuillets.

2° ዘቶማስ Deuxième partie; 6 feuillets.

3° ዘቶማስ Ce qu'il fit sur le prodige du serpent; 6 feuillets.

4° ዘቶማስ Ce qui arriva sur la possession d'une femme par un mauvais esprit; 5 feuillets.

5° Ce qui arriva pour la femme qu'on égorgea près du pressoir; 6 feuillets.

Selon l'épilogue, ce livre fut écrit du temps de l'évêque አቡነ Tiklazyon, dont le nom ne figure d'ailleurs pas dans ma liste des évêques d'Éthiopie.

5. Vie de saint Abunafir; 16 feuillets.

N° 92. — መጽሐፈ ፡ ኅዳር Mazhafa Hidar
« Livre de Hidar (nom de mois) ».

35 sur 23; écriture antique, sur deux colonnes; feuillets presque tous détachés; sans étui et presque aussi délabré que le n° 66; arabesques et hiéroglyphes; 168 feuillets.

1. ርእዮቱ ፡ ለእንባቆም Vision d'Habacuc dans la ville nommée Qartas, sous le patriarcat de Abba Armis. Le prologue dit que la Bible fut traduite en copte ግብጽ par Bastis, nommé patriarche d'Alexandrie par Bastasyos (appelé Fistasyos plus haut), roi d'Égypte. Il y a ensuite, sur Habacuc et Daniel, beaucoup de détails étrangers à l'Ancien-Testament. Plus loin le roi d'Égypte est appelé Abtilma; on raconte les noms de ses enfants et ceux des villes qu'ils firent bâtir, etc. 15 feuillets.

2. Traité par Théophile ታአፊሎስ, patriarche d'Alexandrie, sur la sainte Vierge et sur la maison qu'elle occupa à Quisquam sur une colline dans le pays d'Égypte; 21 feuillets.

Ce traité contient les traditions locales sur ce sujet peu connu.

3. Miracles du martyr saint Georges; douze miracles, contenus dans 21 feuillets.

4. Apparition de la croix de vie au roi Constantin; 9 feuillets.

5. Traité sur les quatre bêtes (de l'Apocalypse), par saint Jean, patriarche de Constantinople ቄስንጥንያ; 10 feuillets.

6. Discours sur l'assemblée ማኅበር des trois cent dix-huit Pères orthodoxes (du concile de Nicée), par Sawiros.

Cette réunion eut lieu le 9 hidar.

1. Premier discours; 6 feuillets.

2. Deuxième discours. Explication de la foi des apôtres; 6 feuillets.

3. De ce qu'on néglige la foi orthodoxe; 7 feuillets.

4. Quatrième discours. Malheurs qui résultèrent du schisme; 15 feuill.

5. Traité du 12 hidar, fait par le patriarche d'Antioche; 10 feuillets.

6. Pour le (13?) hidar. Écrit de saint Bifanyos, évêque de Qepros, sur un gouverneur charitable; 3 feuillets.

7. Pour le 15 hidar. Martyre de saint Minas; 6 feuillets.

8. Pour le 22 hidar. Martyre de Qosmos et Dimyanos; 10 feuillets.

9. Pour le 24 hidar. Exhortation ተግሣጽ aux ecclésiastiques, composée par Abba Sawiros, évêque de Semenon, écrivain copte; 5 feuillets.

10. Pour le 25 hidar. Martyre de saint Marqoryos; 8 feuillets.

11. Récit ነገር de saint Marqoryos; 7 feuillets.

La dernière page de ce récit est presque couverte d'un extrait d'un livre de piété écrit en caractères microscopiques et effacés en plusieurs endroits.

12. Vie de saint Marqoryos (saint Macaire?); 3 feuillets.

13. Pour le 26 (ou 27) hidar. Martyre de saint Jacques de Gimud, à Balqa, en Perse; 6 feuillets.

Le titre Mazhafa Hidar ne s'est présenté nulle part dans ce manuscrit. Je crois devoir toutefois le conserver, sinon à tout le volume, du moins à la division 6, parce que ce manuscrit était traditionnellement connu sous ce nom. La plupart des savants éthiopiens connaissent de nom le Mazhafa Hidar; mais je n'en ai pas vu qui pussent m'en certifier l'identité.

N° 93. — ሃይማኖተ ፡ አበው Haymanota Abạw
« Foi des Pères ».

35 sur 32; maḥdar commun; belle reliure fatiguée; carrés grands et à nu; belle écriture moderne, sur trois colonnes.

Cet ouvrage, que j'ai acheté à Gondar, est le même que celui du n° 15; mais il est remarquable en ce qu'il établit la foi catholique romaine par cinq passages; 172 feuillets, dont 2 blancs.

Le cinquante-neuvième article indique combien de chapitres ont été extraits de chaque Père. La lettre d'Athanase et la table des matières sont à la fin.

N° 94. — ገድለ ፡ መልከ ፡ ጼዴቅ Gạdlạ Mạlkạ ẓedeq
« Vie de Melchisédech ».

21 sur 15; broché; une planche cassée; point d'étui; écriture antique; arabesques; 62 feuillets, dont 4 blancs.

1. ገድለ ፡ አቡ ፡ ናፍር (sic) Vie de saint Abu Nafịr; 19 feuillets.

2. Vie de saint Abba Kiros, frère puîné de Tewodosyos, roi de Rome; 11 feuillets.

3. ድርሳን ፡ ዘበእንተ ፡ መልከ ፡ ጼዴቅ Traité qui est sur Melchisédec; 8 feuillets.

Ce traité, qui se dit écrit à Rome, ville du Christ, est un des plus rares en Éthiopie; on l'y nommait « Vie de Melchisédech ».

4. Traité de Qerlos (Cyrille), patriarche d'Alexandrie, sur Melchisédech; 5 feuillets.

5. Deuxième traité, du même; 6 feuillets.

6. Traité sur Melchisédech, par Ḥara Krịstos; 3 feuillets.

7. « Au nom du Seigneur... devant qui se prosternent les colonnes de la foudre... Traité d'un frère orthodoxe qui fut témoin de l'explication de la vision qu'il entendit (sic) des (ex) livres saints, et pour la renommée du grand et majestueux archange Afnin አፍ፡ ኔን, qui est Fanu-el, le chef des vigilants »; 6 feuillets.

Cet ange a des entretiens avec Hénoch l'antédiluvien.

N° 95. — ፬ ወንጌል Arba'itu Wangel
« Les quatre Évangiles ».

86 millimètres sur 88; demi-relié; maḫdar et difat simples, mais bien conservés; trois colonnes; lettres hautes d'un millimètre; 110 feuillets.

Ce manuscrit mignon est d'une écriture uniforme partout, et contient un texte bien plus pur que celui du n° 82. Je l'ai soigneusement étudié dans mon second séjour à Inarya.

1. Oraison dominicale en copte et caractères éthiopiens (m'a-t-on dit); 2 feuillets.

2. Évangile de saint Matthieu; 29 feuillets.

3. Évangile de saint Marc (l'un des feuillets est cousu de haut en bas); 18 feuillets.

4. Évangile de saint Luc; 33 feuillets.

5. Évangile de saint Jean; 27 feuillets.

6. Talismans et épilogue; 1 feuillet.

N° 96. — ሐተታ፡ ቅድስት Ḥaṭata qiddist
« Saint examen ».

14 sur 12; broché en planches, dont une est fendue de haut en bas; le dos offre des restes de demi-reliure; maḫdar commun, noirci par cette fumée que

l'absence de cheminées fait abonder en Éthiopie, et qui a laissé des traces de corrosion sur tous mes vieux maḫḍar; 149 feuillets.

1. Sur l'adoration dans l'Église, etc. en 3 pages mal écrites, et écriture secrète, dite des Liqawnt; 2 feuillets.

2. « Ceci est le livre de notre Père Aṭinasyos, patriarche d'Alexandrie et de Antyokos, sur la recherche des paroles qui sont dans les livres » (soixante et dix-neuf questions); 60 feuillets.

Dialogue entre ces deux personnages : Antyokos élève des difficultés et Aṭinasis (*sic*) les résout. Les questions sont détachées et sans ordre; car la première a pour but de savoir à quels signes on reconnaît que le baptisé a reçu le Saint-Esprit, et, dans la deuxième, on demande comment Satan pouvait être auprès de Dieu, ainsi que le livre de Job le fait entendre. Le titre « Ḥaṭaṭa qiddist » est tiré de l'épilogue.

3. Livre de notre Père Aṭinasyos, ou ses réponses à un gouverneur nommé Antyokos, divisé en quarante paroles ቃላት ou décisions sur la foi; 32 feuillets.

4. ስእለታት, etc. Questions du saint et bienheureux Gorgoryos et réponses de son frère Basilyos sur les paroles de l'Évangile (en dix-neuf questions); 20 feuillets.

5. ሐሰብ ፡ ሕግ Ḥasaba ḥig « compte de la loi » (écrit sur une colonne par page); 29 feuillets.

Ce compte contient d'abord quelques dates historiques; ainsi on y voit que « la conversion de l'Éthiopie eut lieu en l'année 245 de Jésus-Christ, ou la quatre cent vingt-cinquième année du onzième cycle (pascal). De la conversion de l'Éthiopie (ኢትዮጵያ Ityopya) jusqu'à

Dioclétien, trente et une années. De ce dernier au concile de Nicée, cinquante-neuf années, l'an 515 du onzième cycle. De ce concile jusqu'à Gạbrạ Mạsqạl, fils de Kaleb (rois de Aksum), quatre-vingt-quatorze années, ou jusqu'à l'an du monde 5929, ou l'an 76 du douzième cycle. De Gạbrạ Mạsqạl jusqu'à Ykuno Amlak, trois cent soixante et dix-sept ans, en l'an du monde 6306, ou l'an 454 du même cycle. De ce dernier roi d'Éthiopie jusqu'à Sạyfạ Arʿad, soixante et quatorze années, en l'an du monde 6384, ou l'an 528 du même cycle. Le douzième cycle fut terminé en la quatrième année de Sạyfạ Arʿad; mais aucuns disent que ce fut le treizième cycle, ce qui ne fut pas. De Sạyfạ Arʿad jusqu'à Zạrʾa Yaʿiqob, quatre-vingt-onze années, en l'an 6471 du monde, ou la quatre-vingt-septième du treizième cycle. Et quelques-uns disent que la quatre-vingt-cinquième année de ce cycle en était la première; d'autres en font la neuvième et d'autres la cinq-centième, car ils ignorent la vraie route et ne peuvent trouver l'année de l'origine du soleil[1] ጥንተዮን et le premier jour de l'an ዕለተ፡ዮሐንስ dans l'ère de miséricorde (l'ère chrétienne). »

L'auteur a rassemblé ensuite des chiffres groupés avec peu de clarté pour expliquer les chronologies de Iyubelyu, d'Esdras, d'Hénoch, de Sabela (la Sybille, sans doute); il répète les dates principales de la chronologie éthiopienne, et explique fort longuement les détails du calendrier éthiopien. Il termine en disant que ce livre fut écrit en la quinzième année de Aẓnaf sạggạd.

6. Ère des divers prophètes, détails sur les rois mages, sur l'en-

---

[1] Cette traduction m'a été donnée à Gondạr; mais j'aimerais mieux, avec M. Dillmann, lire ጥንተዮን, et dériver ce mot de πλινθίον, sorte de cadran solaire. Du reste, la plupart des manuscrits ont le ጥ au lieu du ፐ.

fance de Notre-Seigneur et de sa mère Vierge, explications de divers mots de l'Ancien-Testament et de quelques autres qui me sont inconnus, acte de foi sur la présence réelle dans l'Eucharistie, liste des quatre-vingt-un livres de la Bible, parabole des vierges de l'Évangile, et enfin une page où bien des mots sont effacés; 6 feuillets.

En Éthiopie, où je n'ai entendu parler que de deux Bibles complètes en un seul volume, on n'est d'accord que sur le nombre des livres, qu'on fixe à quatre-vingt-un; mais chacun parfait ce chiffre à sa manière. Voici la liste donnée ici :

Douze (petits) prophètes; trois Machabées; trois d'Esdras; quatre livres des Rois; cinq de Salomon, Tobie, Judith, Esther; Esdras (sic); Sirak (Ecclésiastique); Psaumes; deux Paralipomènes; quatre grands prophètes; quatre Évangiles; quatorze épîtres de saint Paul; sept épîtres des autres apôtres; actes; Apocalypse; quatre Sinodos (constitutions des apôtres); trois de Qalemiṇtos.

Cette liste est évidemment fautive.

Ce volume contient en outre, sur des carrés de parchemin détachés : 1° une de ces formules magistrales አብነት dont le but n'est pas expliqué; 2° un remède contre la migraine, moitié drogue et moitié charme; enfin quatre lignes de belle écriture, dont il m'est impossible de tirer aucun sens.

N° 97. — ክብረ ፡ ነገሥት Kibra nagaṣt
« Gloire des rois ».

29 sur 23; broché, sans planche ni étui; deux colonnes; 100 feuillets, dont 2 blancs.

Ce volume fut copié par les soins de mon frère sur un manuscrit réputé parfait, et qui appartient au fils de Takla Giyorgis, dernier roi effectif d'Éthiopie.

Les 43 derniers feuillets sont entamés par les rats et par l'humidité; le texte a un peu souffert dans les 12 derniers feuillets par la même cause.

Cet ouvrage a été décrit par Murray, dans sa Vie de Bruce, et par M. Dillmann, dans son Catalogue des manuscrits éthiopiens de l'université d'Oxford.

1. Gloire et grandeur... des fils d'Adam, et surtout de Sion ጽዮን, arche de la loi du Seigneur (en cent dix-sept paragraphes); 80 f.

2. ከመዝ ፡ ኑባሬ ፡ ሥርዓታ ፡ ለእምነ ፡ ጽዮን ፡ ገበዘ ፡ አክሱም ፡ « Tel était l'état de la construction (de l'église) de notre mère MARIE, gardienne de Aksum ».

Ceci est une description de l'ancienne église de Aksum, commencée en l'an 47 de notre ère, achevée en l'année 99 et détruite vers le commencement du XVIᵉ siècle. Vient ensuite l'exposé des cérémonies du couronnement des rois; 2 feuillets.

3. Liste des rois d'Éthiopie, suivie d'une autre liste différente de la première. La liste est reprise ensuite et continuée jusqu'en 1843; 4 feuillets.

4. Détails des fiefs de l'église de Aksum, contributions dues à la maison du roi, notice sur Yared et deux autres saints; 5 feuillets.

[1] Zyon est vulgairement employé comme synonyme de MARIE par une métaphore dont j'ai en vain demandé l'explication en Éthiopie. Dans les langues vulgaires, ገበዝ Gabaz est parmi les douze officiers de l'église celui qui relève du alaqa, ou curé, et qui est le gardien de la partie matérielle de l'église. Le chef de Aksum est un laïque qui porte le titre de ንቡረ ፡ እድ ፡ « l'imposé des mains », et sous lui est un prêtre dont le titre est gabaz. Celui qui remplissait ces fonctions lors de mon voyage m'a assuré que dans ce passage du Kibra nagast, ገበዝ signifie gardienne, protectrice. J'ai fait cette note pour répondre à celle de M. Dillmann, qui, avec la franchise d'un vrai savant, dit ignorer le sens du mot ገበዝ. Ludolf ne lui connaissait d'autre signification que celle de *ripa* « rive ».

5. Liste de rois musulmans, de patriarches d'Alexandrie, d'effets d'église, etc. 3 feuillets.

6. Fiefs rendus par Iyasu à Aksum, explication des mots de Qalemintos, préséance des divers officiers chez le roi, cérémonies à l'enterrement du roi et détail des autres cérémonies, droits des officiers à certains impôts; 4 feuillets.

N° 98. — ስንክሳር Sinkisar « Recueil de Vies des Saints ».

23 sur 18; sans planches; deux colonnes; bas des feuillets entamé par les rats; 141 feuillets, dont 1 blanc.

Ce volume fut copié dans Gondar (ou Guandar) par les soins de mon frère, et pour compléter l'ouvrage dont le manuscrit n° 1 ne contient que la moitié. Celui-ci a commencé avec le mois de magabit. Le manque de parchemin l'arrêta brusquement au 21 du mois de ginbot.

N° 99. — ቃለ ፡ በረከት ፡ ዘሄኖክ Qala barakat za Henok
« (Parole du présent) Livre d'Hénoch ».

23 sur 17; broché et couvert en peau de chèvre teinte de ዋልቃ, ou terre noire des contrées basses d'Éthiopie; sans étui; deux colonnes; 70 feuillets.

Cette copie fut faite sous les yeux de mon frère et sur le texte le plus approuvé par les mambiran ou professeurs de Gondar. Le texte d'Hénoch offre de nombreuses variantes, et il en est de même de presque tous les livres de la Bible dont Hénoch n'est, selon ces professeurs, qu'un ትርፍ tirf, ou appendice.

N° 100. — ታሪክ ፡ ነገሥት Tarika nagast
« Histoire des rois ».

25 sur 21; broché, sans étui; deux colonnes; 52 feuillets, dont 4 blancs.

Cet abrégé de l'Histoire éthiopienne fut copié pour moi par Dabtara Hadgu, qui, en 1845, passait pour le meilleur écrivain de l'Éthiopie, bien qu'il écrivît de la main gauche. Le compilateur de cette histoire, religieux du monastère de Saint-Étienne, dans Daga, a narré avec le plus de soin les événements qui se passaient près du lac Ṭana, dont Daga est l'île la plus élevée.

N° 101. — ውዳሴ ፡ ማርያም Widdase Maryam
« Louanges de MARIE ».

16 sur 9; broché, sans planches ni étui; une colonne; écriture médiocre: arabesques modernes; quelques feuillets ont des coutures, d'autres sont tachés ou entamés par les rats; 51 feuillets.

1. ጸሎት ፡ ሃይማኖት Ẓalota haymanot; Credo du concile de Nicée; 11 feuillets.

Cette profession de foi en gi'iz est interrompue à chaque mot par une explication en amariñña. Les deux derniers feuillets contiennent un commentaire analogue sur l'Oraison dominicale.

2. ውዳሴሃ ፡ ለእግዚእትነ ፡ ማርያም ፡ ወላዲተ ፡ አምላክ Louange de Notre-Dame MARIE, mère de Dieu, composée par Éfrem.

Cet ouvrage, qui est une prière favorite en Éthiopie, est aussi accompagné d'une explication mot à mot en amariñña.

1. Partie qu'on lit les lundis; 8 f.
2. Partie qu'on lit les mardis; 6 f.
3. Partie qu'on lit les mercredis; 5 feuillets.
4. Partie qu'on lit les jeudis; 6 f.
5. Partie qu'on lit les vendredis: 3 feuillets.
6. Partie qu'on lit les samedis; 4 f.
7. Partie qu'on lit les dimanches: 4 feuillets.

3. ውዳሴ ፡ ወግናይ Louange et hommage à la mère d'Adonay (la sainte Vierge); 4 feuillets.

Cette prière est accompagnée des notes de musique dites የዜማ ፡

ምልክት et n'a pas une explication en langue vulgaire. Le dernier feuillet a été attaqué par les rats.

N° 102. — ነገረ ፡ ማርያም Nagara Maryam
« Discours sur MARIE ».

17 sur 10; demi-relié; planches brisées et raccommodées. Ce volume est bombé dans le milieu à cause du grand nombre de pièces de toile qu'on a insérées pour protéger les soixante figures qu'il renferme et qui, sauf une, détachée du livre, sont toutes encadrées dans le texte. Mahdar en cuir mince et en mauvais état. Les trois premiers feuillets sont en encre noire; les autres offrent le seul exemple venu à ma connaissance d'un livre éthiopien écrit en encre bleue; comme à l'ordinaire, les titres et le nom de la sainte sont en encre rouge. Le caractère est un beau guilḫ, sur une colonne par page. — 81 feuillets.

1. Martyre de saint Étienne; naissance de la sainte Vierge, son entrée au temple, sa visite à sainte Élisabeth, son départ pour l'Égypte; 3 feuillets.

2. « Écrivons ce livre, qui est appelé, dans la langue des Coptes, le Petit évangile, et Discours sur MARIE, dans celle des Éthiopiens ኢትዮጵያዊያን ». Cet ouvrage, bien loin d'être complet, n'a que 53 feuillets.

3. Miracles de Notre-Dame, sainte et vierge par deux fois, MARIE, mère de Dieu (six miracles); 18 feuillets.

4. Pièces de vers à divers saints (en encre noire); 7 feuillets.

Chaque pièce occupe une page et est accompagnée d'une figure.

N° 103. — ገድለ ፡ ገብረ ፡ ክርስቶስ Gadla Gabra Kristos
« Vie de Gabra Kristos ».

23 sur 21; reliure déchirée au dos; sans étui; carrés de damas rouge; deux

colonnes; écriture baveuse; beau parchemin, mais taché, piqué et enfumé çà et là; 88 feuillets, dont 1 blanc.

1. Traité dont le commencement manque; 1 feuillet.

2. Traité de saint Jean Chrysostome sur la gloire de saint Jean-Baptiste; 9 feuillets.

Ce traité fut écrit (traduit sans doute) sous Naʿod, selon l'épilogue, dont la fin est en vers.

3. « Traité et Vie du bienheureux et saint et chaste Gabra Kristos, homme élu du Seigneur »; 17 feuillets.

4. Canon du livre de Qedịr ቀድር établi par les docteurs pour l'apostasie ou pour ceux qui ont contaminé leur corps avec les infidèles; 23 feuillets.

Ceci est le service qu'on lit pour un renégat qui rentre dans l'Église chrétienne, ou après des relations sexuelles entre un chrétien et un musulman, accident qui n'est pas sans exemple en Éthiopie. Ce service est accompagné d'une aspersion d'eau et d'huile que le vulgaire appelle un baptême.

5. Vie du bienheureux Dilạsor ዲለሶር, c'est-à-dire Abba Kiros ..... de Rome; 37 feuillets.

N° 104.

فتوح للحبشة على يد امام المسلمين السلطان احمد بن ابراهيم الغازي

« Conquête du Ḥabaš par la main de l'imam des musulmans le sultan Aḥmed, fils de Ibrahym Alğazy ».

23 sur 20; broché sans planches ni étui; 34 feuillets, dont 4 blancs.
On me pardonnera d'avoir mis ce livre arabe parmi mes manuscrits éthio-

piens, parce que, en racontant la conquête de la haute Éthiopie par le valeureux chef des Çomal et des 'Afar, l'auteur, qui était secrétaire de l'imam Aḥmed, raconte une foule de particularités sur des pays où n'a encore passé aucun Européen qui ait laissé ses traces par écrit.

Ce manuscrit fut découvert par mon frère M. Arnauld d'Abbadie, qui s'en est encore procuré deux autres offrant sans doute des variantes dans le texte. Mon manuscrit ne contient, m'a-t-on assuré, que la moitié environ de l'ouvrage entier.

N° 105. — ዳዊት Dawit « Livre de psaumes ».

31 sur 32; broché en planches sans vestige de reliure, car il y en a rarement dans les manuscrits anciens; maḫdar de mas; écriture antique sur une colonne, comme dans tous les livres de psaumes, qui sont si communs en Éthiopie que le vulgaire appelle tout livre un Dawit; hiéroglyphes de couleur en tête du psaume qui suit chaque figure; arabesques; l'écriture est très-nette et belle, mais la rouge est quelquefois effacée. Ce volume ayant une date certaine, j'en ai déduit les caractères qui distinguent l'écriture antique; 193 feuillets.

1. Commémoration ተዝካር des saints, ou jours consacrés à leurs fêtes. L'auteur s'est arrêté au 8 magabit. Viennent ensuite quatre lignes de noms propres effacées à la fin; 3 feuillets.

2. Figures dont voici les sujets :

1. Croix latine formée d'arabesques.
2. Comment l'ange Gabriel donna la nouvelle à MARIE pendant qu'elle filait.
3. Naissance de Notre-Seigneur, et venue des trois Mages Minsuram, Badsiba et Likon, trois rois. (Ludolf donne autrement ces trois noms; voy. Lex. colonne 329.) Ces trois rois sont représentés sur des chevaux enharnachés comme ceux des Galla aujourd'hui.
4. L'enfant Jésus né de la Vierge MARIE. Les Mages se prosternent vers lui dans la page précédente.
5. Baptême de Notre-Seigneur. Le peintre a eu soin d'écrire en marge : « Ici sont des poissons et de l'eau. »
6. Gens de la noce buvant le vin

béni par Notre-Seigneur. (Ils boivent dans des flacons tout à fait pareils à ceux d'aujourd'hui.)

7. MARIE et les douze apôtres avec Jésus qui bénit le vin.

8 et 9, supposés un seul tableau, représentant l'entrée triomphale de Notre-Seigneur à Jérusalem.

10. Lavement des pieds.

11. Jésus attaché et traîné par une corde.

12. Crucifiement.

13. Jésus ramenant Adam et Ève de l'enfer.

14. Ascension.

15. David roi, la tête couronnée par une arabesque et jouant de la lyre à dix cordes. On se sert encore aujourd'hui de ces lyres, qu'on nomme በገና. Il est facile de reconnaître par toutes ces figures combien peu les usages ont varié en Éthiopie depuis le milieu du xve siècle.

Ces figures occupent 10 feuillets.

3. Psaumes I à x; 5 feuillets.

4. Portraits de saint Pierre et saint Paul : le premier tient une croix grecque; 1 feuillet.

5. Psaumes XI à XX; 5 feuillets.

6. Saint André et saint Philippe tenant des croix grecques (figure); 1 feuillet.

7. Psaumes XXI à XXX; 5 feuillets.

8. Bartholomée et Thomas (figure); 1 feuillet.

9. Psaumes XXXI à XL; 7 feuillets.

10. Saint Matthieu et saint Thadée tenant un livre de la main gauche et couvrant leur bouche avec la main droite (figure); 1 f.

11. Psaumes XLI à L; 5 feuillets.

12. Saint Jacques et saint Jean tenant des livres d'une main et s'embrassant de l'autre (figure); 1 feuillet.

13. Psaumes LI à LXI; 4 feuillets.

14. Saint Matthieu ማትያስ (*sic*) et saint Marc la main sur la bouche et tenant des livres (figure); 1 feuillet.

15. Psaumes LXII à LXX; 6 feuillets.

16. Saint Nathaniel ናትናኤል et Jacques d'Alphée, avec croix grecques et mouchoirs (figure); 1 feuillet.

17. Psaumes LXXI à LXXX (sans doute); 8 feuillets.

18. Saint Georges faisant revenir un captif : celui-ci tient un brille ou matras à pied, usité encore aujourd'hui pour boire l'hydromel (figure); 1 feuillet.

19. Psaumes LXXXI à XC; 6 feuillets.

20. Portrait du martyr Théodore, blessant le dragon : sa lance est tenue par deux mains, dont une, sans corps, porte l'inscription : « main d'ange »; 1 feuillet.

21. Psaumes XCI à C; 4 feuillets.

22. Saint Antoine እንጦንስ et saint Macaire, avec croix grecques (figure); 1 feuillet.

23. Psaumes CI à CX; 9 feuillets.

24. Portrait de Bilen Saggad, ʿAqanzan (sorte de gouverneur) de la province de Sarawe et fils de Bagada zyon. Il porte une barrette noire à trois tourelles sur le front, et *tout* son pied pose dans l'étrier, ce qui n'a pas lieu dans les figures précédentes.

25. Psaumes CXI à CXXX; 11 feuillets.

26. Portraits de Abba Sinoda et Abba Bisoy, avec de petites croix grecques terminées par des drapeaux; 1 feuillet.

27. Psaumes cxxxi à cl; 9 feuillets.

Puis vient le psaume compté aujourd'hui comme le cent cinquantième, et qui, selon le manuscrit, n'entre pas dans le nombre des psaumes.

28. Moïse recevant les Tables de la loi de deux mains qui sortent d'en haut (figure); 1 feuillet.

29. Cantique, etc. de Moïse; prière de Hanna (*sic*), mère de Samuel; prières d'Ézéchias, de Manassé, de Jonas, de Daniel, des trois enfants et leur cantique; prières d'Habacuc, d'Isaïe, de MARIE, de Zacharie et de Simon; 9 feuillets.

30. Salomon, roi. Il a un sabre droit à la main, une arabesque en guise de diadème sous sa couronne, une spatule dans le cartilage de l'oreille, et devant lui un mouchoir avec des arabesques.

31. Cantique des cantiques; 5 feuillets.

32. Portrait de Constantin, roi de Rome (mêmes ornements qu'à Salomon); 1 feuillet.

33. Heures du jour et de la nuit (offices des diverses heures); deux colonnes; 28 feuillets.

On voit ici que le volume a été écrit pour ce Bilen Saggad, dont le portrait est plus haut, au 24.

34. Comment Notre-Seigneur apparut à Jean l'Évangéliste (figure); 1 feuillet.

35. Louanges de MARIE; 3 feuillets.

36. MARIE donnant une fleur à Jésus (figure); 1 feuillet.

37. Louanges de MARIE (la suite en est interrompue); 7 feuillets.

38. Portrait de la Vierge MARIE (les mains levées au ciel et une croix sur la poitrine); 1 feuillet.

39. Louanges de MARIE, pour le lundi; 11 feuillets.

40. Prières pour les malades, les voyageurs, etc. extraits des Évangiles, etc. 12 feuillets.

Les Colossiens y sont appelés ከብአ ፡ ቀሊስስ ። Le ሊ du texte est une lettre inconnue aujourd'hui, car les deux appendices du pied sont attachés au premier jambage, et non au second, comme dans notre type. Les livres modernes portent ቄላስይስ.

41. Traité du calendrier; 2 feuillets.

42. Noms des rois d'Éthiopie et des rois de Aksum; 1 feuillet.

Cette liste, qui finit au premier Ba-ida Maryam, le soixantième roi après Jésus-Christ, ne concorde pas avec les listes plus modernes; mais il est à présumer qu'une liste plus ancienne est moins exposée à l'incurie des copistes. L'épilogue contient une erreur palpable quand il dit que ce volume a été écrit en l'an 51 de l'ère chrétienne. Serait-ce l'année 1451 des Éthiopiens, ou 1459 selon l'ère des Européens? Mais alors on se tromperait en datant l'avénement de Ba-ida Maryam en 1468.

43. Divers motifs d'arabesques; 2 feuillets.

N° 106. — ጾመ ፡ ድጓ Zoma diggua
« Plain-chant pour le carême ».

19 sur 15; demi-relié avec maḫdar neuf; trois colonnes d'écriture fine sur

du parchemin moderne défiguré par de fréquentes coutures; 60 feuillets, dont 2 tout blancs.

Ce volume fut écrit pour moi, afin de réparer l'étrange oubli qu'on avait fait de cette section dans le manuscrit n° 87.

Il est assez difficile de bien rendre compte des livres de plain-chant que les Éthiopiens appellent ቃል ፡ ትምህርት qal timhirt, ou enseignement oral. Ces livres sont enseignés par des professeurs spéciaux, dans les pourtours des églises; beaucoup de phrases y sont indiquées par des abréviations difficiles à comprendre, et d'ailleurs inutiles à exposer dans un catalogue dont le but est purement littéraire. La musique des Éthiopiens et des Gurage, comme celle des Arabes, est une pierre d'achoppement pour nos compositeurs, qui ne paraissent reconnaître ni le mode majeur ni le mode mineur dans les trois formes éthiopiennes dites gi'iz, 'araray et 'izil que j'appelle « modes », faute de meilleure expression.

N° 107. — ጸሎታተ ፡ ፈላሲያን Z̤alotaṭa Falasyan
« Prières des Falaša (Juifs) ».

21 sur 14; deux colonnes; treize cahiers détachés ou 119 feuillets, dont 4 blancs.

Je fis copier dans ce recueil toutes les prières des Falaša qu'il ne me fut pas possible d'acheter, afin d'y chercher plus tard quelque preuve intrinsèque de l'origine de ce peuple, plus singulier encore par sa foi que par sa langue.

Fascicule A.

1. Prières dont quelques-unes sont bizarres et rappellent les abinnat ou formules magiques des chrétiens, qui les ont peut-être empruntées à la religion plus ancienne des Juifs. Ainsi, pour effacer ses péchés, il faut répéter jour et nuit bbb (dix-sept fois); el, el (sept fois); he, he (sept fois); wa, wa (sept fois); ba, ba (sept fois). Plus loin on trouve de même : El (sans doute אל ou Dieu), Elohe, Heda, Papapada, Hepa, Yawi, etc. répétés de la même manière; 10 f.

2. Vision d'Isaïe, fils de Amoz; 1 feuillet.

3. ዘነቢይ ግርጎርዮስ Paroles du prophète Grégoire sur la mort, etc. 6 feuillets.

4. ገድል ፡ ወስምዕ, etc. Vie et témoignage des saints Pères Abraham, Isaac et Jacob, tous trois sortis de ce monde le 28 du mois de naḥase, par saint Atinatewos (Athanase), patriarche d'Alexandrie et serviteur du Dieu unique; 6 feuillets.

5. Prière (où Dieu est appelé ፈላከኤል falaka-el); 5 feuillets.

FASCICULE B.

1. ነገር ፡ ዘ፲ወ፪ አርድእት, etc. « Discours des douze disciples tenu à ses (sic) disciples »; 5 feuillets.

2. « Livre écrit par la main de notre Sauveur »; 10 feuillets.

Cet opuscule contient les actes de Moïse. On y voit, entre autres, que le dénombrement des ennemis de Moïse se montait à un chiffre exprimé par 266,516,186 environ, suivi de cent douze zéros. Je dis environ, car j'ai fait le calcul de ce nombre prodigieusement inutile, sans recourir à des logarithmes extraordinaires; en effet, le texte giiz énumère seulement une longue suite de facteurs.

3. Prières diverses; 3 feuillets.
4. Prières de l'apparition; 6 feuillets.

5. Vision d'Hénoch; 3 feuillets.

6. Vision d'Isaïe; 2 feuillets.

7. Extraits de Grégoire et de Jérémie; 1 feuillet.

8. Extraits de l'Exode, du Deutéronome et d'Esdras; 5 feuillets.

9. « Mon Dieu! mon Dieu! » (prière); 8 feuillets.

10. ትእዛዝ ፡ ሰንበት ፡ ዘተረክበ ፡ በ፩ መጽሐፍ ፡ እምብሔረ ፡ ፈላሲያን Précepte du sabbat trouvé dans un livre du pays des Émigrés; 29 feuillets.

Ce traité, très-estimé des Falaša, contient principalement l'histoire de la sortie des Israélites d'Égypte.

11. Histoire de ce qui arriva entre la création d'Adam et celle d'Ève; 5 feuillets.

On y nomme Girma-el, un ange craintif, et Birma-el, un mauvais ange : « Adam reste quarante-deux jours debout devant Dieu, qui lui crée enfin une épouse, etc. »

12. Livre d'Israël sur la gloire et la grandeur du sabbat; 10 f.

Il paraît y avoir une lacune entre les deux derniers cahiers, comme si un cahier intermédiaire avait été perdu; c'est pourquoi je ne fis pas relier ces feuilles à Gondar. Il y a néanmoins tant de fautes et tant de négligences dans les petits livres des Falaša, qu'on pourrait à la rigueur douter de l'existence de cette lacune. On sait, d'ailleurs, que les manuscrits éthiopiens ne sont pas paginés, ce qui m'a privé d'un contrôle fort utile.

N° 108. — ታሪክ Tarik « Histoire ».

25 sur 20; deux colonnes; cinq cahiers renfermant 40 feuillets, dont 1 blanc.

Je fis copier ce petit recueil d'extraits historiques sur un manuscrit en assez mauvais état, déposé dans l'église de Addababay Takla haymanot, à Gondar; j'y fis joindre ensuite la copie de quelques mémoires recueillis par le feu Liq Azqu, ou Atqu. Ceux-ci sont compris sous les numéros 4 à 9.

1. Après avoir établi les époques du règne d'Ykuino (*sic*) Amlak et de la mort du grand apôtre saint Takla haymanot, par rapport à la vingt-troisième année du règne de Fasiladas, l'auteur donne une notice du monastère du Liban ደብረ ፡ ሊባኖስ, célèbre couvent du Sawa. Le titre du premier repos, dans la troisième colonne, porte መጽሐፈ ፡ በሀውልት[1] ፡ ወመጽሐፈ ፡ ተዝካረ ፡ ሙታን, etc. Livre des fêtes et Livre de la commémoration de ceux qui sont morts dans le monastère. Ceci est principalement un règlement des services et cérémonies ecclésiastiques dans cette église, fondée par le roi Yshaq (Isaac); 4 feuillets.

2. Notices sur les divers abbés de ce monastère; 2 feuillets.

3. ሥርዓተ ፡ ማኅበር, etc. Règle de la congrégation du monastère de Libanos; 5 feuillets.

4. ሥርዓተ ፡ ምጽዋት Règles pour la distribution des aumônes du roi; 2 feuillets.

5. Narré de la fondation de l'église de Narga, par Ytege Mintiwab; 12 feuillets.

Cet opuscule est intéressant par l'énumération des livres et ustensiles sacrés, donnés à cette église lors de sa fondation.

---

[1] Je lis በውልት, pluriel de በዓል « fête ».

6. Enregistrements de mutations de propriétés dans Gondar et dans ses environs; 2 feuillets.

7. Histoire de Iyasu dit Adyam saggad, pendant la dix-neuvième année de son règne; 4 feuillets.

8. ታሪክ ፡ አዛዥ, etc. Histoire du commandant Naço de Çirqin, pendant la vingt et unième année de notre roi Adyam saggad le deuxième : suite pour l'an du monde 7244 ; 5 feuillets.

9. « Écrit trouvé sur une page », notes chronologiques remplies d'abréviations; 3 feuillets.

N° 109. — ራእየ ፡ ከዋክብት Ra-iya kawakibt « Astrologie ».

25 sur 20; deux colonnes; broché; 25 feuillets, dont 6 blancs.

Fascicule A.

1. Astrologie, dont il est inutile de rendre compte pour la plupart des lecteurs. Plusieurs passages sont effacés à dessein et au grattoir; 7 feuillets.

2. Recettes médicales pour la dyssenterie, pour faire avorter ልጅ ፡ ለሚያስወርዳት ፡ ሴት, pour la confusion dans la vue, pour l'épilepsie, l'hydrophobie, pour le malade qui vomit le koso (remède du ver solitaire et qui répugne à beaucoup de personnes), pour les écrouelles, etc. 2 feuillets.

On se prémunit ici contre un mal, bien commun en Éthiopie, par de longues formules magistrales que termine cette naïve réflexion : ቂጥኝ ፡ ከፉ ፡ ነውና « Car la syphilis est mauvaise. » Toutes ces recettes sont données dans ce mélange de gi'iz et de amariñña usité dans les compositions historiques, et qui, pour cette raison, est nommé style d'histoire የታሪክ ፡ አነጋገር.

3. Sur les mois de l'année et sur la division des heures en ኬክ ሮስ kekros, ou périodes de vingt-quatre minutes; 2 feuillets.

Fascicule B.

1. Esquisse d'un astrologue à genoux, regardant les étoiles, etc. 1 feuillet.

2. Aspects et influences des astres (remplis de lacunes, dont quelques-unes faites au grattoir); 4 feuillets.

3. Idées de cosmographie; 3 feuillets.

N° 110. — ገድለ ፡ ሰማዕታት Gadla Samaïtat
« Vies des Martyrs ».

36 sur 32; demi-relié; sans étui; belle écriture du temps des Quarañña, en trois colonnes. La plupart des feuillets portent au *recto* des titres en rouge, ce qui est rare en Éthiopie. Ce volume, sur beau parchemin, contient 196 feuillets, dont 2 blancs.

1. Vie de saint Jean-Baptiste; 5 feuillets.

2. Éjaculations au même; 2 feuillets.

3. Vie de saint Mammas; 7 feuillets.

4. Vie de saint Fasiladas, chef des soldats, d'après saint Klistinos, pape de Rome; 23 feuillets.

5. Miracles de saint Fasiladas, martyr; 2 feuillets.

6. Vie de saint Yolyos, du pays de Aqfahis; 40 feuillets.

7. Vie du saint et bienheureux martyr Astifanos (Étienne); 7 f.

8. Sur l'invention des reliques አዕፅምት de saint Étienne, par saint Jean; 6 feuillets.

9. Vie et martyre de saint Ewosṭatewos; 6 feuillets.

10. Vie et martyre de saint Abadir et saint Ira-i; 9 feuillets.

11. Vie de saint Kirakos; 3 feuillets.

12. Vie de saint Panṭalewon, martyr sous le mauvais Maksimyanos; 7 feuillets.

13. Vie de saint Panṭalewon de Zoma'it d'Éthiopie, écrite par l'évêque ኤጲስ ፡ ቆጶስ orthodoxe, qui fut sacré ጳጶስ ፡ ዘአክሱም évêque de Aksum; 7 feuillets.

Dans le préambule il est dit que le royaume d'Éthiopie ኢትዮጵያ s'étendait jusqu'à toucher les frontières des terres de Barnikos, de Balinos, de Bados, de Ṭirb et de Saba.

14. Vie et martyre de saint Qopryanos; 2 feuillets.

15. Vies et martyres des saints Sargis et Bakos; 6 feuillets.

16. Notice du saint homme du Seigneur, Gabra Kristos (esclave du Christ); 8 feuillets.

Une prière très-bizarre de ce saint, composée des noms de Dieu, est ainsi citée : Alpha, o, a, ba, bo, go, ga, da, da, do, ha, ho, etc.

17. Vie et martyre de saint Filyas, évêque du pays de Ṭimuys; 2 feuillets.

18. Vie et martyre de saint Romanos; 4 feuillets.

19. Histoire du martyr béni Jean de Daylami; 6 feuillets.

20. Ce que nous savons de l'histoire de Abba Bulla, c'est-à-dire Abba Abib; 8 feuillets.

21. Vie du saint martyr Dimatryos; 4 feuillets.

22. Vies et martyres des saints martyrs Zenobis et Zenobya; 3 f.

23. Vie et martyre de saint Minas; 4 feuillets.

24. Livre de l'histoire de saint Elawtros et de sa mère Intya; 2 feuillets.

25. Histoire ዜና des saints martyrs Tewofilos, Patriqa et Damalis; 3 feuillets.

26. « Entendez les saints martyrs Qosmos et Dimyanos et leur mère Tewdada »; 6 feuillets.

27. Vie et martyre de Saint Azqir; 2 feuillets.

28. « Vie et martyre du saint et bienheureux...Marqorewos (traduction du mot Pilupader) »; 3 feuillets.

29. Vie et martyre du saint et bienheureux (autre saint de même nom); 8 feuillets.

J'ai détaillé ces noms pour que les personnes qui s'intéressent aux premiers âges de la chrétienté puissent rechercher de quels saints on a le plus tenu compte en Éthiopie, où la négligence insigne des copistes a le plus souvent défiguré les noms étrangers. La vie *13* est la seule qui donne en passant quelques maigres détails sur l'ancienne histoire d'Éthiopie, si incomplète dans les histoires spéciales.

Je ferai remarquer, une fois pour toutes, que ድምያኖስ (saint Damien?) peut s'écrire Dimyanos ou Dimianos, car le système d'écriture éthiopienne, si admirable d'ailleurs, se trouve ici en défaut. Cette écriture manque, en effet, de signes diacritiques, pour indiquer si la voyelle initiale d'une syllabe doit être coulante, c'est-à-dire de cette nature qu'on indique en arabe par un waçla وصل, ou s'il faut la faire précéder de ce petit effort dans la gorge, qui, le plus souvent, passe inaperçu chez nous, mais qui coûte tant à certains bègues, en les arrêtant à un mot qui commence par une voyelle. Ce petit effort s'est appelé ḥamza en arabe, et appartient, en éthiopien, à toutes les formes de la lettre አ, où les Tigray et les autres races sémitiques ne manquent pas de le faire sentir, tandis que les Amara le laissent passer inaperçu, ou, pour traduire leur expression, ils l'avalent. Pour effacer le ḥamza, c'est-à-dire pour indiquer qu'il ne doit pas être prononcé, les Éthiopiens mettent un ይ après les voyelles e, i et i; après o et u ils mettent un ወ. Ainsi ዳዕር, nom de lieu en Sawa, se prononce daer, et c'est l'usage seul qui montre qu'on ne doit pas dire dayer. Quelquefois, mais rarement, on met un ወ quand la voyelle suivante est un o ou un u, plus rarement encore quand c'est un e. C'est ainsi qu'on trouve ጊዎርጊስ au lieu de ጊዮርጊስ Giorgis (Georges), qui est l'orthographe ordinaire. Si les voyelles a ou ạ doivent être suivies d'un a sans ḥamza, on n'a aucun moyen d'indiquer cette suppression, du moins chez les Tigray, qui n'écrivent guère d'ailleurs. Quelquefois la lettre auxiliaire (ወ ou ይ) est regardée comme essentielle, et *vice versa*. Ainsi ሰራይ, nom de province, est souvent prononcé Sarae. Il est de l'essence des langues vieillies de s'écarter, dans la parole, de leur orthographe écrite, qu'on altère avec peine; car, en cette matière comme en religion et en jurisprudence, l'homme s'attache avec prédilection à remémorer les vieilles formes.

N° 111. — ፍካሬ ፡ ኢየሱስ Fikare Iyasus
« Explication (faite par) Jésus ».

24 sur 18; broché en planches brisées et rajustées; écriture antique, en deux colonnes, avec arabesques et hiéroglyphes; 111 feuillets, dont 1 blanc.

1. ወንጌል ፡ ዘዮሐንስ Wangel za Yohannis, Évangile de saint Jean; 36 feuillets.

La dernière page contient quelques généalogies éthiopiennes.

2. Image fort naïve de saint Antoine; 1 feuillet.

3. Prières de Primes (le premier feuillet manque); 7 feuillets.

4. Prières de Tierces, Sextes, Nones; 10 feuillets.

5. Prières du soir በንዋም, lorsqu'on se couche; prières de minuit; 22 feuillets.

6. Prières sans intitulé; 18 feuillets.

7. Louanges pour le sabbat des chrétiens; 3 feuillets.

8. Sur le calendrier; 4 feuillets.

9. Époques chronologiques comprenant quelques avénements de rois éthiopiens; 1 feuillet.

Ces trois colonnes et un quart sont en écriture très-moderne; une partie des noms est répétée dans une seconde liste plus continue que la première.

10. ነገር ፡ ወፍካሬ (pour ፍካሬ sans doute) Discours et explication de Jésus; 8 feuillets.

Je n'ai guère vu un plus grand exemplaire de ce dernier ouvrage, qui est fort gros, dit-on, quand il est complet, et fort célèbre, d'ailleurs, parce que Notre-Seigneur est censé donner des prophéties pour les grands désastres qui doivent arriver jusqu'au roi Théodore. Ce dernier viendra de l'Orient et fera fleurir la paix après une pluie grasse sans nuages. Les Juifs de l'Éthiopie croient à la venue de ce roi, tout aussi bien que les chrétiens. Chaque ligne de ce Fĭkare Iyasus est précédée d'un hiéroglyphe en forme de croix horizontale, dont la tête est tournée à droite.

N° 112. — ፬ ወንጌል Arba'ĭtu Wangel
« Les quatre Évangiles ».

8 sur 8; relié en maroquin rouge sans étui; deux colonnes; lettres hautes d'un millimètre; le bas des feuillets est entamé par les rats; 104 feuillets, dont 1 blanc.

1. Saint Matthieu; 28 feuillets.

2. Saint Marc; 21 feuillets.

3. Saint Luc; 27 feuillets.

4. Saint Jean; 22 feuillets.

5. ኪዳን ፡ ዘነግሁ Promesse de l'aurore (prière du matin), et deux autres prières; 5 feuillets.

L'écriture de ce petit manuscrit est jolie, mais un peu inégale.

N° 113. — ሥዕላት Ṣĭ'ĭlat « Portraits ».

12 sur 11; broché, avec planche de mas; sans étui; 42 feuillets, dont 3 blancs.

Ce petit volume se compose de portraits ombrés. Sauf les premier et dernier feuillets, tous les autres sont peints des deux côtés. Les treize premiers montrent les divers degrés du martyre de saint Georges, dont la moitié est plus que suffisante pour achever le saint, car il est déjà coupé en deux au sixième feuillet; mais l'artiste a paru croire que la vie n'est pas éteinte tant que la moitié de la tête tient sur les épaules. Le martyre de la reine Iliskindirt, la sainte Vierge tenant l'enfant Jésus de la main droite, les archanges, saints Marmihnam, Aboli, Yostos, Fiqitor, Marqoryos, Fasiladas, Astifanos, Tewodiros, Georges tuant le dragon, les vingt-quatre prêtres du ciel ከሕ ናተ ፡ ሰማይ, peints deux à deux, les douze apôtres, les saints Masqal kibra et Zamada Maryam, saints Jean Kama, Cyrille, Kristos samra, Inbab rena, les neuf saints, sept évêques, Étienne, saint Samuel sur son lion, saint Marc de Tormaq, et enfin Joachim et Anna occupent les vingt-six autres feuillets.

N° 114. — ተአምረ ፡ ማርያም Ta-ammira Maryam
« Miracles de MARIE ».

3o sur 27; vieille reliure mise par-dessus une demi-reliure; vieux mahdar offrant des restes de reliure; carrés de coton bleu rayé de blanc; belle écriture guilh en deux colonnes; feuillets fatigués par les lecteurs; 111 feuillets.

1. Portraits des saints Abyadir et Yolyos (Jules), saint Juste et saint Aboli, tous à cheval; 3 feuillets.

2. Figures de la sainte Trinité, des saints Marmihnam, Marqorewos, Qirqos, des trois enfants dans la fournaise, d'Adam et Ève en enfer, de la naissance de la sainte Vierge, de Notre-Dame recevant ce volume des mains de saint Daksyos, et donnant en échange à ce saint son siége et son vêtement; 4 feuillets.

3. Prologue, précédé d'arabesques; 2 feuillets.

4. Trente-deux miracles et cent cinq figures pieuses, la plupart occupant toute la page; 92 feuillets.

5. Salutation au portrait de MARIE; 2 feuillets.

6. መልክዐ ፡ ማርያም Image de MARIE, ou salutation aux diverses parties de son corps; 5 feuillets.

7. Six figures pieuses; 3 feuillets.

Chacune de ces cent dix-neuf figures est, comme à l'ordinaire, accompagnée d'un titre explicatif : un petit nombre de ces compositions est au simple trait.

N° 115. — መድኀን ፡ ሙሴ Mạdhịnạ Muse
« Sauveur de Moïse ».

14 sur 9; broché en planches, avec un mauvais étui; une colonne; 89 f.

1. « Nous vous dirons, ô mes frères, comment Moïse, le dompteur des ennemis, se sauva des mains de Pharaon »; 49 feuillets.

Cet écrit est accompagné de vingt figures, et l'on y trouve le fabuleux dénombrement d'ennemis mentionné plus haut sous le n° 107, fascicule B, 2.

2. Prières sans préambule ni épilogue; 40 feuillets.

N° 116. — ያረብ ፡ ሰዋስው Yarạb Sạwasịw
« Vocabulaire arabe ».

17 sur 13; demi-relié, avec planches de mas; un vieil étui; une colonne; 80 feuillets.

1. 1 feuillet blanc, une figure de l'hostie, un acte de vente et une fondation d'église, cousus ensemble; 3 feuillets.

2. Vocabulaire gi'iz et grec moderne suivi de 5 feuillets; 7 f.

4. Liste des patriarches d'Alexandrie et des évêques d'Éthiopie, suivie de deux feuillets blancs; 4 feuillets.

4. Vocabulaire arabe et gi'iz, divisé en vingt-trois በብ (باب) ou portes; 59 feuillets.

Il y a des notes astrologiques après la vingt-troisième porte.

5. Liste des rois d'Éthiopie, notablement différente des listes ordinaires et donnant la durée de chaque règne : cette liste finit vers 1810; 5 feuillets, dont 3 blancs.

6. Dépenses de la maison en grain, bière, houblon, parasols, etc. (gratté çà et là); 2 feuillets.

N° 117. — ኦሪት ፡ ዘጠ ብሔር Orit zạ tịsạ́tu bịḫer
« Loi mosaïque en neuf (pays) livres ».

38 sur 34; broché en planches, avec des restes de demi-reliure; soigneusement recouvert en toile et pourvu d'un double étui très-grossier; trois colonnes de belle écriture; 163 feuillets, dont 2 blancs.

1. Orit zạ Lịdạt (Genèse); 24 feuillets.

2. Orit zą Żą-at (Exode); 21 feuillets.

3. Orit zą Lewawyan (Lévitique); 15 feuillets.

4. Orit zą Ḫuïlquï (Nombres); 21 feuillets.

5. Orit zą Dagïm (Deutéronome); 18 feuillets.

6. Orit zą Iyasu (Josué); 13 feuillets.

7. Orit zą Mąsafïnt (Juges); 13 feuillets.

8. Orit zą Rut (Ruth); 2 feuillets.

9. ነገረ ፡ ኩፋሌ, etc. Discours de la division des jours; 34 f.

Ce dernier ouvrage est regardé par les Fąlasa et par les chrétiens comme étant un appendice du Orit en huit pays. Ce manuscrit me fut vendu par un Fąlaša.

N° 118. — ታሪክ ፡ ነገሥት Tariką nągąst « Histoire des rois ».

30 sur 26; reliure moderne très-soignée; maḫdąr et difat ornés de fers; parchemin moderne, avec des trous et des coutures; écriture rąqiq sur trois colonnes. La hauteur des lettres est de 2^m,5, et chaque colonne contient 28 lignes; 257 feuillets, dont 4 blancs au commencement et 2 à la fin. La page 460 est aussi en blanc; mais le texte n'y souffre pas de lacune.

Cette histoire est la plus complète que j'aie pu trouver en Éthiopie. J'ai passé deux ans à solliciter la permission d'en prendre une copie, et deux autres années à la faire exécuter. L'un de mes écrivains dut se faire remplacer, parce que la lèpre l'avait privé de l'usage de ses doigts; et quoique j'eusse payé fort cher la communication du manuscrit original, je n'ai jamais pu le voir pour collationner ma copie, tant l'esprit d'isolement et de secret est inné aux Africains! J'ai paginé ce volume aux *verso*, et de dix en dix pages.

Voici l'exorde : « L'an 7278 de la création du monde, année de saint Matthieu, maskarram commença par un vendredi : 20 était l'épacte et 9 le nombre d'or 1 (sic); et il y en a qui disent qu'il n'y a pas de nombre d'or መጥቅዕ ni d'épacte አበቅቴ; et (ce livre) fut écrit quand le haut, riche, sage et savant dajazmac Haylu était à Maḥdara MARYAM : il rassembla toute la jeunesse avec la parole du secret, et son nom parvint jusqu'aux limites de la terre et d'une mer à l'autre. Son séjour (dans cette ville) vint de l'exil; et la cause de cet exil n'est pas connue, puisqu'il n'a fait aucun acte de rébellion, dans les siècles des siècles. Amen. »

En d'autres termes, dajac Haylu, fils de dajac Išete, ayant dû prendre sanctuaire dans la ville sainte de Maḥdara MARYAM, réunit des copistes, et fit écrire une longue histoire des rois d'Éthiopie. Comme les documents anciens se contredisent, Haylu a fort sagement fait de les transcrire, l'un à la suite de l'autre, sans le moindre commentaire. Il est inutile d'ajouter que la langue est de ce style historique የታሪክ ፡ አንጋገር où l'idiome amariñña fait souvent irruption dans le gi'iz. Un abrégé d'histoire générale occupe les 31 premières pages; puis vient une sèche liste des noms des premiers rois. A la page 35, on commence les us et cérémonies du royaume; à la page 40, on donne une autre liste des premiers rois.

1. Enfin on entre en matière par l'histoire de ʿAmda zyon, premier roi dont l'Éthiopie possède l'histoire détaillée; pages 42 à 64.

Voici les divisions consacrées aux rois dont les noms suivent :

2. Ṣayfa arʿad, etc. page 65.

3. Zara Yaʿiqob, pages 65 à 78.

4. Ba-ida MARYAM, pages 79 à 90.

CATALOGUE DE MANUSCRITS ÉTHIOPIENS.   135

5. Iskindir, pages 90 à 92.

6. Naʿod, pages 93 à 100.

Après l'exposition des grands offices de l'empire et des provinces affectées aux principaux officiers, on donne une chanson amariñña en vers de six syllabes, pages 101 à 106.

7. Libna dingil, pages 106 à 108.

8. Galawdewos, divisé en quatre-vingt-douze chapitres, p. 108 à 133.

9. Minas, pages 133 à 141.

10. Sarza dingil, ou Malak saggad, en neuf portes, pages 142 à 220.

11. Yaʿiqob, page 221.

12. Susinyos, pages 221 à 223.

13. Fasiladas, pages 223 à 225.

14. Yohannis, pages 225 à 227.

15. Iyasu dit le Grand, pages 227 à 236.

16. Takla haymanot, pages 236 à 239.

17. Tewofilos et Yostos, pages 239 à 241.

18. Yohannis, pages 241 et 242.

19. Dawit, pages 242 à 245.

20. Bakafa, pages 245 à 252.

21. Iyasu et sa mère Mintiwab; quarante-huit portes, pages 253 à 333.

Cette partie de l'histoire commence par une liste, autre encore, de tous les rois de l'Éthiopie; et une division en vingt-quatre portes occupe les pages 253 à 277.

22. Iyo-as, pages 333 à 369.

Vingt-quatre portes ou chapitres sont indiqués jusqu'à la page 358, où commence l'histoire du Ras Mika-el.

23. Yoḥannis, pages 369 à 376.

24. Ṭaklạ baymanot, pages 376 à 387.

25. Ṭaklạ Giyorgis, pages 387 à 417.

Deuxième histoire du Ras Mika-el, pages 417 à 432.

26. Iyasu, pages 433 à 439.

27. Ṭaklạ Giyorgis, pages 439 à 455.

28. Ḥizqyas, pages 455 à 459.

29. Ṭaklạ Giyorgis, pages 461 à 495 environ.

Cette histoire s'arrête à l'avénement du roi sans puissance Yoḥannis, digne d'un meilleur sort, et qui fut élevé au trône en 1842.

N° 119. — ሐዲሳት Ḥaddisat

« Nouveaux (écrits) ». Voyez le n° 9.

20 sur 17; vieille reliure, entamée par le bas; carrés d'étoffe de laine rouge; dos refait à neuf; deux colonnes; maḫdạr commun; 153 feuillets.

Il est d'usage d'inscrire son nom dans son livre. Le propriétaire de celui-ci ayant écrit une malédiction extraordinaire contre celui qui gratterait son nom, on a mieux aimé éluder le mal en le lavant, ce qui est facile, puisque l'encre éthiopienne se compose de charbon, de gomme et d'eau.

1. Préface explicative des Épîtres aux Romains; 3 feuillets, dont 1 blanc.

2. Prières et sentence d'excommunication; 1 feuillet.

3. Épître aux Romains, en dix-neuf sections et quatre-vingt-onze sous-divisions; 16 feuillets.

4. Première Épître aux Corinthiens, en vingt sections et quatre-vingt-quatre sous-divisions; 16 feuillets.

5. Deuxième Épître aux Corinthiens, en dix sections et cinquante sous-divisions; 10 feuillets.

6. Épître aux Galates, en cinq sections et trente et une sous-divisions; 5 feuillets.

7. Épître aux Éphésiens, en six sections et trente sous-divisions; 4 feuillets.

8. Épître aux Philippiens, en trois sections et vingt et une sous-divisions; 4 feuillets.

9. Épître aux Colossiens, en six sections et vingt-cinq sous-divisions; 3 feuillets.

10. Première Épître aux Thessaloniciens, en cinq sections et dix-huit sous-divisions; 3 feuillets.

11. Deuxième Épître aux Thessaloniciens, en trois sections et sept sous-divisions; 2 feuillets.

12. Première Épître à Timothée, en six sections et trente sous-divisions; 3 feuillets.

13. Deuxième Épître à Timothée, en trois sections et dix-neuf sous-divisions; 3 feuillets.

14. Épître à Titus, en deux sections et huit sous-divisions; 2 feuillets.

15. Épître à Philémon et aux Hébreux, en douze sections et soixante-cinq sous-divisions; 11 feuillets.

16. Raisons de saint Paul pour écrire ses Épîtres; 2 feuillets.

17. Livre des actes des envoyés, ou ዜና ፡ ሐዋርያት nouvelles des apôtres, en soixante et dix repos, fatigué, surtout dans le commencement; 37 feuillets.

18. Motifs qui portèrent saint Paul à écrire les autres Épîtres non mentionnées au *16;* 3 feuillets.

19. Apocalypse; 22 feuillets.

20. Motifs des Épîtres de...; 2 feuillets.

Le commencement de ce commentaire manque, bien qu'il n'y ait aucune lacune dans l'écriture.

21. Dénombrement de la postérité du roi Malak saggad; 1 feuillet.

N° 120. — ጸሎታት ፡ ዘስብዓቱ ፡ ዕለት Ẓalotat za sib'atu 'ilat
« Prières pour les sept jours ».

34 sur 30; belle reliure; dos un peu déchiré; carrés de coton bleu; difat et mahdar offrant les restes d'une belle reliure; ce dernier ayant des figures fort rares; belle écriture guilh en deux colonnes; 198 feuillets, dont 6 blancs.

1. Prières pour chaque jour de la semaine; 90 feuillets.

2. Prière composée par saint Cyrille, regardée comme partie de l'ouvrage précédent; 12 feuillets.

3. Arganon (voyez n° 4); 90 feuillets.

N° 121. — ዕንዚራ ፡ ስብሐት Inzira Sibhat
« Harpe de louange ».

22 sur 21; reliure en assez bon état, mais avec la croix latine renversée, ce qui est sans exemple jusqu'ici; mahdar et difat communs; deux colonnes. Ce

volume contient plus d'une écriture différente, et renferme 203 feuillets, dont 3 blancs.

1. በእንተ ፡ ትምህርተ ፡ ኅቡአት Sur la science occulte; 1 f.

2. Arganon (voyez n° 4) divisé, comme à l'ordinaire, en sept jours; 101 feuillets.

3. አስተብቍዖት ፡ ዘስምዖን ፡ ዓምዳዊ Astabiqu̦i'ot za Sim'on 'amdawi « Supplication de saint Simon Stylite », divisé en cent treize repos et avec des titres pour les sept jours de la semaine, commençant, selon l'usage, par le lundi; 32 feuillets.

4. እወጥን ፡ ዘንተ ፡ ማኅሌተ ፡ ዘይስመይ ፡ ዕንዚራ ፡ ስብሐት ፡ ወቀርነ ፡ ዘምር « Je commence ce cantique, qui se nomme harpe de louange et trompette de chant »; 62 feuillets.

Éloge de la sainte Vierge, et, comme les précédents, divisé selon les jours de la semaine. Aucun des mamḫiran (savants) que j'ai consultés n'avait jamais ouï parler de cet ouvrage.

5. እግዚአብሔር ፡ ዘብርሃናት Igzi-abḫer za briḫanat « Seigneur des lumières »; 4 feuillets.

Cette prière est tracée dans une écriture détestable et offre des lacunes, surtout à la fin.

N° 122. — ዓሠርቱ ፡ ተስእሎታት 'Asartu tas-ilotat « Les dix questions ».

20 sur 18; demi-relié; une planche trouée; maḥdar et difat tous deux vieux; écrit sur deux colonnes; 217 feuillets.

1. Livre de la Sagesse de Sirak (Ecclésiastique); 63 feuillets.

2. **ቀኖና**, etc. Pénitence établie par les Pères docteurs pour celui ou celle qui a abandonné sa foi; 5 feuillets.

La signification « pénitence », pour **ቀኖና**, est plus en usage en Éthiopie que celle de « canon ».

3. Maẓḥafa falasfa (voy. n°s 26 et 73); 80 feuillets.

4. **ዓሠርቱ ፡ ተስእሎታት** 'Aṣartu tas-ilotat « dix questions » (avec leurs réponses). La première, sur l'unité et la trinité; la deuxième, sur le Fils de Dieu et sur son crucifiement; la troisième, sur les prières qui conviennent aux croyants; la quatrième, comment le pain et le vin deviennent le corps et le sang du Christ; la cinquième, sur le saint jeûne qui convient aux croyants, et le reste (cette réticence s'applique à un canon fort ancien, que les Églises de l'Occident ont laissé tomber en désuétude); la sixième, sur les aumônes qui conviennent aux croyants; la septième, sur la convenance de la rédemption d'Adam par le Christ, à l'exclusion de Satan et de son armée; la huitième, pourquoi le Fils de Dieu séjourna dans le sein, fut né et se soumit à d'autres actes de faiblesse; la neuvième, explication des termes « mon père, votre père, mon Dieu, votre Dieu »; la dixième, pourquoi Satan et Adam furent créés. — 19 feuillets et un quart.

5. **ሃይማኖተ ... ያዕቆብ** Foi de saint Jacques Ilbaradi; 11 f.

6. **ትምህርተ ፡ ሃይማኖት** Science de la foi aplanie par les apôtres et suivie par les **ሊቃውንት** chefs de l'Église : en sections non numérotées; 13 feuillets.

7. **ሃይማኖት ፡ ለሚየከስ** (sic) **የሃይማኖት ፡ እምላለስ ፡ እን ደክ ፡ ነው** « Voici la réponse de la foi à celui qui l'accuse »; 20 f.

Ce traité est en amariñña; les citations et les termes de théologie sont, comme dans l'enseignement oral, toujours en gi'iz.

8. Fikare Iyasus (voy. n° 111, *10*); 6 feuillets.

N° 123. — ገድለ፡አቢብ Gadla Abib « Vie de saint Abib ».

24 sur 22 ; broché en planches, dont une brisée et recousue; un vieux maḫdar; deux colonnes; arabesques fort simples; écriture moderne; 198 feuillets, dont 4 blancs.

1. Sur *mar* Georges, mêlé de mots arabes (le commencement manque); 1 feuillet.

2. « Vie du saint et bienheureux martyr Abba Bula... dont le nom jumeau est Abib »; 14 feuillets.

3. Extrait de l'Évangile; 1 feuillet.

4. Vie de Gabra Kristos (esclave du Christ); 19 feuillets.

5. Vie de *mar* Kiros; 29 feuillets.

6. ዜና፡ሚካኤል Notice de l'ange glorieux et saint Michel, chef des soldats de l'armée des anges, et ድርሳን፡ሚካኤል Traité sur saint Michel; 7 feuillets.

7. ተአምረ፡ሚካኤል Miracles dus à l'intercession de saint Michel (au nombre de quarante et un); 38 feuillets.

8. Exhortation sur la fête de saint Michel; 7 feuillets.

9. Miracles dus à saint Michel (il y en a huit); 11 feuillets.

10. Miracles dus à saint Gabriel (au nombre de onze); 9 feuillets.

11. Louanges dites par saint Jean Chrysostome, sur la grandeur des quatre Bêtes; 22 feuillets.

Cet opuscule est appelé ordinairement ድርሳን ፡ ፬ እንስሳ Traité sur les quatre Bêtes (de l'Apocalypse).

12. Miracles de saint Raphaël (il y en a neuf); 16 feuillets.

Au troisième miracle il y a comme un commencement de chapitre avec arabesques.

13. መልኮ Image de Raphaël; 5 feuillets.

14. Prières; 1 feuillet.

15. Tableaux des épactes, fêtes mobiles, etc. pour chaque année du cycle pascal, dit en éthiopien ዐቢይ ፡ ቀመር, ou grand cycle; 14 feuillets.

Quelques notes marginales indiquent les avénements des rois, ce qui pourra aider peut-être à refaire la chronologie éthiopienne, en partie du moins.

N° 124. — ዜና ፡ አይሁድ Zena Ayhud
« Histoire des Juifs ».

27 sur 22; reliure vieille, sans dos, à croix informe; deux colonnes; lettres élancées et espacées; vieux mahdar; 140 feuillets, dont 2 blancs.

1. « Au nom de Dieu, unique en lui-même, trois dans ses personnes, nous commençons, appuyés sur sa force, à écrire l'histoire des Juifs dans le temple qui fut associé à Yosef, fils de Koryon, etc. »

Cet ouvrage, composé au IXe siècle de notre ère, est le même que celui des n°[s] 38 et 77, mais ceux-ci renferment sans doute bien d'autres variantes que celle du prologue cité ci-dessus.

N° 125. — ገድለ ፡ አዳም Gadlạ Ạddam
« Vie d'Adam ».

36 sur 35; reliure belle mais fatiguée; carrés de brocart cramoisi; maḫdar et difat communs; quelques cahiers ont lâché leurs coutures en corde à boyau; belle écriture en trois colonnes; 213 feuillets.

1. Deux colonnes des intitulés des douze traités de Sawiros; 1 f.

Premier Traité, sur la trinité et l'unité du Seigneur; 8 feuillets.

Deuxième Traité, sur l'incarnation et le crucifiement du Fils du Seigneur; 15 feuillets.

Troisième Traité, sur l'explication des paroles du Pentateuque et de Josué qui font connaître la grandeur de la foi chrétienne orthodoxe; 7 feuillets.

Quatrième Traité, sur l'explication des termes « Pâques » et « agneau », et sur la Transsubstantiation; 6 feuillets.

Cinquième Traité, sur la guerre de Satan aux fidèles, et comment ils le vaincront; 5 feuillets.

Sixième Traité, sur l'explication de la grandeur du dimanche; 5 feuillets.

Septième Traité, sur le motif du jeûne des deux jours, mercredi et samedi; 4 feuillets.

Huitième Traité, sur l'explication du jeûne et comment il se pratique; 5 feuillets.

Neuvième Traité, sur la révélation de ce qu'était cette mort que Notre-Seigneur vainquit sur la croix, et réfutation de l'opinion que c'est un ange préposé par Dieu pour tuer les hommes; 5 feuillets.

Dixième Traité, sur l'avenir assuré ጽንዓ de la foi jacobite orthodoxe, sur sa grandeur, et exposition de toutes les religions perverties ውሉጣት; 9 feuillets.

Onzième Traité, sur l'explication des cantiques de Moïse et de sa sœur Marie, des cxxxv^e et cl^e psaumes, de la quatrième vision de Daniel, et du cantique des trois enfants; 9 feuillets.

Douzième Traité, sur la consolation des chrétiens, et sur leur patience dans la tristesse et dans la mauvaise fortune; 3 feuillets.

2. Traité de saint Jean Chrysostome sur la Salutation angélique; 4 feuillets.

3. Louanges de MARIE, par le moine Isaac; 2 feuillets.

4. « Aksimaros, c'est-à-dire création originale, par Épiphane, évêque de Chypre ቅጵርስ, sur le sixième jour et sur les prodiges de la création; 13 feuillets.

5. Vie d'Adam; 54 feuillets.

Amplification assez fade des premiers chapitres de la Genèse, et histoire sous forme de prophétie de la naissance de Notre Sauveur. Cet ouvrage est à peu près inconnu en Éthiopie.

6. « Première porte : Ankaritos, sur la foi orthodoxe, parole d'Épiphane, du pays de Quistintinya de Chypre (*sic*), mais dont le pays était Qerofalis de Filisten, où il fut chef de religieux »; 40 feuillets.

Selon le prologue, cet ouvrage traite des sujets suivants : « La sainte Trinité, la perfection du Christ, l'incarnation, la résurrection, la vie éternelle, les peines du corps et de l'âme, la sépulture, la division des jours, les Juifs et les apostats, le tout en quatre-vingts parties. Ceci fut écrit à Esdros de Pamphylie, pour qui il fut composé avec soin... dans la neuvième année de Walantiyanos et Walantos et de Grantiyanos ». L'ouvrage est divisé en quinze repos et soixante-six sections.

7. መትሉ ፡ ሥርዓት, etc. « Suit le décret écrit après la déposition de Nestorius, fait par douze évêques orthodoxes, après en avoir reçu la connaissance (par l'inspiration) du Seigneur »; divisé en douze sections ou excommunications lancées contre douze hérésies; 1 f.

8. Après une invocation beaucoup plus longue qu'à l'ordinaire,

le titre est ainsi donné : « Ce livre (est) l'origine de la doctrine expliquée par le Père docteur Épiphane ». Cet opuscule remplit 1 f.

Contrairement au prologue, il n'est parlé que d'un miracle des plus extraordinaires fait par Épiphane.

9. Histoire amplifiée de la création, en cent seize sections; 16 f.

Cette histoire est précédée de six lignes où l'on annonce fort arrogamment que les mystères de la création vont être expliqués, et que les corps sortis du néant, comme le beurre du lait, se composent des quatre éléments.

J'ai trouvé plusieurs expressions rares et nouvelles dans ce beau volume, dont la plupart des traités sont inconnus aux Éthiopiens d'aujourd'hui.

N° 126. — ገድለ ፡ ሰኑድዮስ Gadla Ṣanudyos « Vie de Sanutius ».

39 sur 22; broché avec une planche, sans étui; écriture antique; deux colonnes; hiéroglyphes; 137 feuillets, dont 1 blanc.

1. ዝንቱ ፡ ገድል ፡ ወቀሊል ፡ እምነገር ፡ ወኃይላት ፡ ወመን ከራት ፡ ዘአቡነ ፡ ቅዱስ ፡ ነቢይ ፡ አርሳይመትርዶስ ፡ አበ ፡ ሰኑድ ዮስ ፡ ዘውእቱ ፡ ብሂል ፡ ርእሰ ፡ መነከሳት... « Vie... de Abba Ṣanudyos..... écrit par Abba Awsa. Repos à ceux qui entendent »; 50 feuillets.

Ce souhait ne m'atteint pas, car je n'entends pas complètement ce prologue, que j'ai transcrit au long, dans l'espoir que d'autres seront plus heureux.

Ce saint naquit à Salalo, dans le territoire de Akmim (en Égypte?).

Le copiste se nommait Abraham; peut-être était-il un Falaša. Au commencement, les sections sont indiquées en marge par des chiffres rouges qui s'arrêtent à 38.

2. ዝናሁ, etc. Notice de saint Bisoy, religieux en Égypte, écrite après sa mort; 23 feuillets.

Le cinquième feuillet contient, dans une écriture postérieure à Galawdewos, une addition de huit lignes.

3. Vie de l'étoile du désert... Abba Gabra Manfas Qiddus (voy. n° 36); 57 feuillets.

Le dernier feuillet a été coupé aux trois quarts.

4. « Nous écrivons un peu des miracles de G. M. Qiddus » (six miracles); 6 feuillets.

L'écriture du 4 est un peu plus moderne que celle des Vies qui précèdent.

N° 127. — ገድለ ፡ ፋሲለደስ Gadla Fasiladas « Vie de Fasiladas ».

20 sur 15; broché en planches, dont une est brisée et cousue; deux colonnes; écriture antique, avec quelques arabesques et hiéroglyphes; 80 feuillets.

Selon le prologue, cette Vie fut racontée par Kalistinos, pape de Rome, sous l'empereur Théodose. Saint Fasiladas obtint la palme des martyrs en Afrique አፍሪቅያ. Il était petit-fils de Awmanyos, gouverneur d'Antioche.

Selon l'épilogue, ce livre a été traduit du copte, ቅብጢ qibṭi, en gi'iz, en l'an du monde 6889 (1397 environ de notre ère), sous le roi Dawit. Un peu plus bas, la langue copte est nommée ግብጽ gibẓ.

Cette mention bien authentique montre qu'on a fait des traductions du copte en gi'iz, et donne peut-être à espérer qu'un examen attentif amènerait à établir que la traduction en gi'iz, de l'Ancien-Testament au moins, aurait été faite sur la version copte, comme les Éthiopiens le prétendent, et non sur le texte grec des Septante, ainsi que Ludolf le croyait.

N° 128. — ዜና ፡ ማርያም Zena Maryam « Notices de Marie ».

20 sur 14; broché en planches, sans étui; arabesques et hiéroglyphes; écriture antique en deux colonnes, mais approchant déjà de l'écriture moderne. La mystérieuse croix à anse est ici croisée le plus souvent par un trait en arc surhaussé; 68 feuillets, dont 2 blancs.

Cet ouvrage contient des traditions sur la sainte Vierge.

N° 129. — ገድለ ፡ በጸሎተ ፡ ሚካኤል Gadla baẓalota Mika-el « Vie de Par la prière de saint Michel ».

20 sur 15; broché sans planche ni étui; deux colonnes; écriture faisant le passage de l'antique à la moderne; 70 feuillets, dont 7 blancs.

Baẓalota Mika-el est le nom d'un saint d'Éthiopie.

N° 130. — በረላም Baralam « Baralam ».

36 sur 33; belle reliure à cinq rangées de fers; carrés nus; maḥdar et difat simples, mais en très-bon état; trois colonnes; belle écriture moyenne; 116 feuillets, dont 2 blancs.

1. Baralam (voy. n° 31, 4); 72 feuillets, dont le dernier est cousu sur onglet.

2. **መቅድም ፡ ጸውሎስ** Préface des Épîtres de l'apôtre-docteur Paul. Les sections de cet ouvrage ne sont pas numérotées; 28 f.

Commentaire explicatif de la vision et des écrits de cet apôtre.

3. **መቅድም ፡ ትርጓሜ**, etc. Préface de la traduction du livre du bienheureux apôtre Paul; 14 feuillets.

La dernière colonne donne les **እርእስተ ፡ ምንባብ** « chapitres qu'on lit dans le pays de Rome », ce qui ferait croire que ces commentaires sont empruntés aux Européens.

N° 131. — **ረድእ ፡ እንጠንዮስ** Rad-a Intonyos
« Aide (ou disciple) d'Antoine ».

36 sur 31; belle reliure; carrés de ces cotons noirs de Surate, qui sont employés comme monnaie dans le grand Damot; trois colonnes; maḫdar et difat en bon état; 224 feuillets, dont 2 blancs.

1. Table des matières indiquant les sujets des dix-huit sections; 3 feuillets.

2. « Livre qui donne des explications sur l'orthodoxie d'après les paroles du... religieux Georges, **ተልሚደ** disciple de notre Père Antoine de Syrie. » Chaque section est divisée en plusieurs **ምዕራፍ** repos; 219 feuillets.

Cet ouvrage volumineux, inconnu en Éthiopie même, fut composé pour répondre à diverses hérésies qui s'étaient glissées dans l'Église. Selon l'épilogue, il (le manuscrit sans doute) fut achevé en l'année 7158, ou 1666 environ de notre ère, dans la trente-troisième année du roi Fasiladas, et la deuxième année de l'épiscopat de Kristodolu, en l'année de saint Marc l'évangéliste.

N° 132. — ክብረ፡ነገሥት Kibra nagast « Gloire des rois ».

35 sur 30; broché en mas, sans étui; trois colonnes de belle écriture guilh; il y a quelques hiéroglyphes, bien que l'écriture soit moderne; 113 feuillets, dont 2 blancs.

1. Kibra nagast (voyez n° 97); 108 feuillets.

2. Liste des rois d'Éthiopie faisant suite à l'ouvrage et s'étendant jusqu'à 'Amda Zyon; 1 feuillet.

3. Table des matières, en cent vingt-trois divisions (qui ne sont pas chiffrées dans le cours de l'ouvrage); 2 feuillets.

L'écriture de ce volume est d'une dimension graduellement plus petite vers la fin.

N° 133. — እግዚአብሔር፡ነግሠ Igzi-abher nagsa
« Le Seigneur règne ».

23 sur 21; une planche avec un reste de reliure et un carré de brocart rouge et vert; deux colonnes; écriture élancée; 143 feuillets, dont 1 blanc.

1. Éjaculations à saint Jean (le commencement manque); 2 f.

2. Noms des rois d'Éthiopie partant, comme à l'ordinaire, d'Adam et finissant à Ya'iqob, fils de Sarza Dingil; 3 feuillets.

3. Portrait de l'auteur (le nom manque) tenant à la main un livre et une croix tout à fait pareille à celle des prêtres d'aujourd'hui; 1 feuillet.

4. ውዳሴ፡ሰማያዊያን፡ወምድራዊያን (sic) Poëme en l'honneur des saints, pour tous les jours de l'année. C'est l'ouvrage cité

par Ludolf sous le titre « Encomium »; en Éthiopie, où il est fort en honneur, on le nomme Igzer nagṣ pour Igzi-abḥer nagsa « Dieu règne »; 99 feuillets.

Sur les marges il y a plusieurs additions dans une écriture plus petite et plus moderne.

5. ወዳሴ ፡ ማኅበረ ፡ መላእክት ፡ ወሰብእ « Louanges de l'assemblée des anges et des hommes »; 5 feuillets.

Cet opuscule n'était pas connu des savants de Gondar.

6. Sur la sainte Trinité (opuscule sans intitulé); 14 feuillets.

7. Éjaculations à la sainte Trinité dans la forme des Igzer nagṣ; 7 feuillets.

8. ስቆቃወ ፡ ድንግል « Lamentation de la Vierge »; 7 feuillets.

9. መልኮ, etc. Éjaculations aux anges; 3 feuillets.

10. Prières et actes de propriété; 1 feuillet.

N° 134. — ጥበብ ፡ ሳቤላ Ṭibaba Sabela
« Sagesse de la Sibylle ».

18 sur 12; broché en planches, sans étui; écriture antique en deux colonnes; livre qui a souffert beaucoup de la fumée; hiéroglyphes; 143 feuillets.

1. « Notice de notre bon Père Yoḥannis, qui acquit l'Évangile d'or ». Ce Jean était né à Rome. — 15 feuillets.

2. ፍክሬ ፡ ኢየሱስ Explication de Jésus (voy. n° 122); 15 f.

3. ትርጓሜ ፡ በእንተ ፡ ውርዙት ፡ ወርሥእ Explication pour la jeunesse et la vieillesse (selon l'épilogue, cet opuscule est de Jean, évêque de Quisṭinṭinya); 20 feuillets.

4. Traité de saint Ịnịstọsyos (sic) sur l'explication du quatre-vingt-dixième psaume; 14 feuillets.

5. Traité sur saint Jean, dont le commencement manque, et qui a été transcrit pour une femme nommée Fịre Maryam ou « fruit de MARIE »; 20 feuillets.

On a écrit ici partout እግት au lieu de እመት « servante ».

6. « Parole de saint Jean Chrysostome adressée aux fils de l'Église »; 20 feuillets.

7. « Sagesse de la femme nommée ሰቢላ Sabila, fille de Ḥạrqạl, chef des sages de Efesos, et explicateur des songes à ceux qui ont vu cent sages dans Rome », etc. 13 feuillets.

Interprétation ténébreuse d'un songe extraordinaire : avec un peu d'imagination on pourrait en appliquer la fin aux XVIIIe et XIXe siècles.

8. Prière pour chasser les አጋንንት mauvais esprits; 8 feuillets.

9. Exorcisme contre le diable; 5 feuillets.

10. Prière pour avoir ምገስ de la grâce; 1 feuillet.

11. Prière contre la migraine : prière de la Croix du Christ; 1 f.

12. Contre les voleurs (en partie effacé); 2 feuillets.

N° 135. — ጉባኤ ፡ ሰላምታ Guba-e sạlamta
« Recueil de salutations ».

(Un dạbtạra de Gondạr a inventé ce nom pour ce livre sans titre, et qui semble inconnu en Éthiopie.)

19 sur 9; broché avec planches minces, dont l'une est presque détachée;

un mauvais étui de peau de chèvre; écriture moderne en une seule colonne par page; 135 feuillets.

1. Sur l'intérieur des planches est un extrait de la vie de Abuna Gabra Manfas Qiddus.

2. A saint Abib; 1 feuillet.

3. Éjaculations en vers, tout à fait dans le genre du n° 133, 4, mais d'une composition différente, rangées autrement et distinguées par des chiffres en marge, au nombre de cent quatre-vingt-un, au lieu d'être divisées par mois. Comme dans le livre dit Igzer nags, chaque commémoration nouvelle commence par le mot ሰላም « paix », jusqu'à la cent soixante et quatorzième. Ensuite le mot ስብሐት « gloire » lui est substitué; 132 feuillets.

4. « Noms de nos Pères saints, étoiles de grâce... » Liste de noms sans autre explication, et prière de Abba Sinoda; 2 feuillets.

N° 136. — መርሐ ፡ ዕውራን Marḫa 'iwran
« Guide des aveugles ».

27 sur 26; trois cahiers détachés, en trois colonnes; 20 feuillets, dont 5 blancs.

1. Guide des aveugles, c'est-à-dire règles pour établir les fêtes mobiles; 7 feuillets.

2. Liste des patriarches d'Alexandrie (incomplète à la fin); 2 f.

3. Notes historiques; 2 feuillets.

4. Liste des évêques d'Éthiopie, au nombre de cent six; 2 f.

5. Troisième cahier, c'est-à-dire un double feuillet enlevé à Filkisyus (voy. n°ˢ 23 et 37); en marge sont des notes pour servir à l'histoire d'Éthiopie; 2 feuillets.

Les quatre premiers numéros furent copiés pour moi à Gondar.

N° 137. — **ኢዮብ** Iyob « Livre de Job, etc. ».

21 sur 19; broché en planches; bon maḫdar; deux colonnes; 99 feuillets, dont 2 presque blancs.

Ce volume est écrit dans ce caractère menu et serré, haut de deux millimètres seulement, que les étudiants aiment tant, afin d'éviter l'achat si coûteux du parchemin. Ayant emporté ce manuscrit pour l'étudier pendant mon séjour forcé dans Inarya, en 1845, j'y écrivis un titre français en tête de chaque colonne ainsi que notre division en chapitres. De courtes notes marginales en amariñña servent à expliquer les mots difficiles. Le livre de Job est d'une écriture plus grosse que le reste.

1. Portion d'Isaïe; 1 feuillet.

2. Portrait au trait, et, au verso, une liste de personnes volées; 1 feuillet.

3. Livre des Rois, I; 16 feuillets.

4. Livre des Rois, II; 11 feuillets.

5. Livre des Rois, III; 13 feuillets.

6. Livre des Rois, IV; 13 feuillets.

7. **ኢሳይያስ** Isaïe; 22 feuillets.

8. **ኢዮብ** Iyob : à la fin une figure au trait représente le saint homme presque nu, occupé à se gratter le coude, tandis qu'un petit diable cornu lui râcle la tête avec une scie; 12 feuillets.

9. **ዳንኤል** Daniel; 8 feuillets.

N° 138. — ውዳሴ ፡ መስቀል Wịddase mạsqạl
« Éloge de la Croix ».

16 sur 12; reliure de mas, recouvert de maroquin rouge n'ayant qu'un simple filet sur les bords; mạḥdạr usé, en maroquin jadis orné de fers; écriture guịlḫ en une seule colonne; 115 feuillets, dont 1 blanc.

1. Sur Notre-Seigneur. Prière de Constantin (le commencement et la fin manquent); 4 feuillets.

2. Éloge de la Croix; 110 feuillets.

Aucune note n'indique ni l'auteur ni l'origine de ce livre de prières, dont l'apparition sur le marché de Gondạr étonna tous les savants de cette ville. L'ouvrage a sept titres pour les jours de la semaine.

N° 139. — ገድለ ፡ ላሊበላ Gạdlạ Lalibạla
« Vie de Lalibạla ».

24 sur 18; double étui en cartonnage couvert de percale noire; relié à Paris en maroquin bleu, avec filets; parchemin moderne défiguré par quelques trous et coutures; 86 feuillets, dont 2 blancs au commencement et 2 à la fin.

Lalibạla, ou Gạbrạ Mạsqạl, était roi d'une portion au moins de l'Éthiopie, et comme l'histoire est sans détails sur cette époque, j'ai fait copier cette Vie, fort rare d'ailleurs, dans le vain espoir d'y trouver quelques données historiques, ou au moins quelques-unes de ces gracieuses légendes qui vivent encore parmi le peuple. Lalibạla était natif de Roḥạ, plus connu sous le nom de Lalibạla, et si remarquable par ses églises taillées en dehors comme en dedans dans un roc ferrugineux, de manière à imiter l'architecture grecque. Le style de cette Vie est peu remarquable, et l'on y trouve quelques mots étranges. Ainsi ce saint roi est mort au mois de ḥạziran

ሐዚፈን, Samson est appelé le ቃዴ (قاض « juge ») d'Israël, Lalibala vit en prenant au piége des perdrix ፌርድ ከስያተ. Ce mot πέρδιξ, étranger au giïz, peut d'ailleurs provenir de cette même influence étrangère qui a prévalu à Roḥa, comme l'atteste une courte inscription grecque sur l'une des églises.

N° 140. — አቡሻክር Abušakịr.

31 sur 26; reliure qui offre un échantillon de ce qu'on faisait de mieux à Gondar en 1848. Les fers du maḥdar sont une imitation de ceux de mon n° 34, dont l'antique reliure était très-admirée. Le dịfat, orné de fers aussi, a les deux attaches en forme de queue qui se sont détachées de la plupart des vieux étuis. Le centre des planches offre la croix latine avec ses cornes de bélier que j'ai contribué, avec quelques amateurs indigènes, à remettre à la mode au lieu de la croix noyée dans un carré; écriture rạqiq de deux millimètres de haut, disposée en trois colonnes par page. Ces colonnes sont surmontées de chiffres qui portent leur nombre total à 870. Les angles supérieurs des neuf derniers feuillets ont été entamés par les rats pendant notre séjour à Ịnarya; 150 feuillets, dont 6 blancs.

1. መጽሐፍ ፡ ቡሩክ ፡ ዘደረሰ ፡ እግዚእ, etc. « Livre béni composé par le seigneur..... Abušakịr, fils de Abi-Ịlkaram (الكريم?), Pierre, religieux ịbn il mạhạdạb, qui signifie « fils de l'exhorté » ou bien « fils du ምሁር savant », connu dans Riši, et diacre dans l'église de Mạ'alqa, composé en l'an du monde 6750 (1258 environ de notre ère), qui concorde avec l'an 655 de l'hégire (?)..... et le nombre de repos (chapitres) est de cinquante-neuf ». — 139 feuillets, dont 2 pour la table des matières.

Cet ouvrage, copié pour moi à Gondạr sur un exemplaire unique en cette ville, est un traité indigeste du calendrier et de l'histoire du monde. Il existe en arabe, et a été composé à la fin du xiii° siècle.

L'auteur a eu la prétention d'expliquer les calendriers grec, romain, arabe, አፍርንግ européen moderne, copte, etc. et le texte est plein de fautes, peut-être dues à l'ignorance des copistes. J'ai fait copier ce manuscrit sur le seul exemplaire un peu complet qui existe, dit-on, hors du Šawa. Naguère encore, l'enseignement de Abušakir formait le cinquième ጉባኤ cours public, j'allais dire la cinquième faculté du haut enseignement en Éthiopie. Au lieu de copier la table des matières qui précède l'ouvrage, je me bornerai à trois citations qui me feront pardonner, si, malgré ses défauts, j'attache quelque importance à cet ouvrage.

1° Un cercle qui suit la huit cent trente-quatrième colonne, orné des rêveries de l'astrologie et de la géomancie, montre évidemment que, dans ces derniers temps du moins, ሰሜን signifie nord et ደቡብ sud, ce qui infirme l'opinion de Ludolf, dont la traduction a été blâmée d'ailleurs par tous les savants éthiopiens que j'ai consultés.

2° Abušakir admet un excès dans l'année julienne encore usitée chez les Coptes et chez les Éthiopiens; mais il le fait trop petit, puisqu'il l'estime à une journée en trois cents ans (col. 323 de ce manuscrit), au lieu de vingt-quatre heures en cent vingt-neuf ans environ. Les historiens astronomes aimeront à chercher si d'autres auteurs orientaux ont fourni cette assertion à Abušakir. Ce dernier cite አብሮከስ Abrokos comme autorité à cet égard, et se livre à de longs calculs pour prouver l'exactitude de cette affirmation.

3° Le mouvement synodique de la lune est donné par les professeurs de ce livre comme étant de 29 jours 12^h 44^m $3^s,262$, ce qui excède de $0^s,462$ seulement la période admise chez nous au commencement du siècle actuel.

En lisant le catalogue des manuscrits du Musée britannique, fait avec un soin admirable par le docteur Dillmann, et qui m'était inconnu l'an dernier, il m'a été facile de voir que mon Abušakir est identique avec le n° XXXVI déposé à Londres. On y trouve la même table des matières, et les mêmes chapitres manquent aussi dans mon texte.

2. Explication des mots difficiles d'Ézéchiel; 5 feuillets.

N° 141. — ሕዙዛን Ḥizuẓan « Paralipomènes ».

36 sur 31; trois colonnes; sept cahiers sans étui, cousus ensemble et détachés d'un livre par le mamḫir qui me les a donnés; car j'avais recherché un second exemplaire de ces livres afin qu'on puisse un jour éditer en France une Bible gïz complète. Le présent catalogue montre que, sauf les livres des Machabées, toutes les autres portions des saints livres existent au moins en double dans ma collection; 48 feuillets.

1. Premier livre; 20 feuillets.

2. Second livre (les mots en encre rouge ont été laissés en blanc); 24 feuillets.

3. Extraits du Sinodos; 2 feuillets.

4. Du quatrième Livre des Rois (sans commencement ni fin); 2 feuillets.

N° 142. — ሰኔ ፡ ጎልጎታ Ṣane Golgota
« Calvaire du mois de ṣane ».

8 et demi sur 7 et demi; demi-relié; une planche cousue et un mauvais étui; une colonne, par page, de mauvaise écriture.

1. Prière faite par Notre-Dame au mont Golgotha, le 25 du mois de ṣane; 40 feuillets.

2. Prière contre la colique; 1 feuillet.

C'est par des travaux de ce genre que les écrivains commencent leur métier, et ces petits écrits sont ordinairement fort médiocres.

N° 143. — ጠቢበ ፡ ጠቢባን Ṭabiba ṭabiban
« Sage des sages ».

8 sur 8; broché en mas avec mauvais étui; une colonne; 54 feuillets.

1. Prière (ou charme) contre les ravages des hyènes, remplie, comme d'usage, de mots baroques; 1 feuillet.

2. « O Seigneur sage des sages, puissant jusqu'à l'éternité, etc. », prière adressée à Dieu; 35 feuillets.

3. መልከዐ ፡ መስቀል Image de la Croix; 10 feuillets.

J'ai transcrit le titre que m'a donné un Dabtara à Gondar. Cette prière consiste en salutations aux différentes parties du corps de Jésus-Christ, dans la forme des n°ˢ 70, 146, 170, etc.

4. « Addaminna Hewan... » Adam et Ève, etc. (prière); 1 feuillet.

5. Prière contre l'ophthalmie (feuillet ajouté); 1 feuillet.

6. Prière contre le même mal, si commun en Éthiopie; 4 feuillets.

7. Prière contre la maladie qui vient du mauvais œil; 2 feuillets.

C'est du moins ainsi que j'entends ሕማመ ፡ አይነት, car je n'ai pas vu ailleurs ce dernier mot.

N° 144. — ለአዳም ፡ ፋሲካሁ La Addam Fasikahu
« Pâque d'Adam ».

8 sur 7 ; broché avec planches de mas; mauvais étui de peau molle; une colonne; 68 feuillets, dont 2 blancs.

1. Extrait, probablement du Sane Golgota, ou n° 142, 1; 3 f.

2. ተፈስሒ ፡ ማርያም ፡ ለአዳም ፡ ፋሲካሁ, etc. « Réjouis-toi, MARIE, Pâque d'Adam! » prière nommée vulgairement « La Addam Fasikahu, ou Pâque d'Adam »; 15 feuillets.

3. Salutation à Claudius; 2 feuillets.

4. Salutation à saint Étienne; 2 feuillets.

5. እግዚአብሔር ፡ ዘብርሃናት, etc. Igzi-abher za brihanat « Dieu des lumières » (prière ainsi nommée); 7 feuillets.

6. በስመ ፡ እግዚአብሔር ፡ ቀዳማዊ, etc. Basma Igzi-abher qadamawi « au nom du Dieu primitif » (prière ainsi nommée); 6 f.

7. መልከ ፡ ፍልስታ Malk'a filsita (image de l'Assomption), c'est-à-dire éjaculations sur l'Assomption de Notre-Dame; 7 feuillets.

8. Prières à MARIE, en vers (imparfait à la fin); 24 feuillets.

Les n°s 142, 143 et 144 sont usités par les enfants dans les églises et pendant les saints offices.

N° 145. — የአፈ ፡ ወርቅ ፡ ትርጓሜ Yafa warq tirguame
« Explication de (saint Jean) Chrysostome ».

31 sur 23; trois colonnes écrites sur papier arabe, à Yawiš, en Gojjam, en 1847. L'état alors si malheureux de ce pays me força à envelopper sculement ce livre dans un reste de mon turban, et à l'enfermer dans un étui de ce coton

rouge nommé hịndịqe, qu'on emploie en Éthiopie pour faire les raies rouges des toges; 114 feuillets, dont 3 blancs.

1. Explication de saint Jean Chrysostome; 106 feuillets.

L'enseignement est oral et traditionnel en Éthiopie, et varie par conséquent d'une école à l'autre. Les መምህራን professeurs apprennent par cœur et font nécessairement varier la parole de leurs maîtres. Mais quelques nobles, zélés pour la religion et peu instruits dans la langue ግዕዝ gi'iz ou sacrée, ont fait mettre par écrit l'enseignement des professeurs, et c'est à ces soins qu'on doit les n°ˢ 41 et 145 de ma collection. Celui-ci fut écrit sous la dictée du ạlạqa (curé) Wạldạ Rufa-el par ordre du Dạjac Gošu ou Guạšu. Ce prince me prêta son manuscrit, et le mien serait des plus précieux s'il fallait mesurer son importance aux longues peines qu'il m'occasionna. L'écriture en est d'ailleurs mauvaise, et il a fallu faire des corrections nombreuses, en le collationnant d'après l'original. Outre qu'il donne une peinture fidèle de l'enseignement éthiopien, il fournit encore un bon échantillon et de ce qu'est aujourd'hui la langue amariñña, ou idiome vulgaire de l'Éthiopie, et de la manière dont elle se modifie dans le dialecte du Gojjam.

2. Choix des plus belles ቅኔ qịne, ou poésies sacrées (en gi'iz); 5 feuillets.

Ce dernier recueil, fait par moi, en partie d'après les conseils des Éthiopiens, montrera de quel genre est leur goût en littérature.

N° 146. — ሰዋስው Sawasiw « Vocabulaire ».

11 sur 9; broché en mas, sans étui, mais muni d'une attache en coton; une colonne; écriture moderne; 119 feuillets, dont 3 blancs.

1. Vocabulaire (les deux premières lignes, et quelques autres dans le cours de l'ouvrage, sont effacées par la fumée); 103 feuillets.

2. ኪዳን ፡ ዘነግህ Kidan zanagh « Matines » (écrit sur deux colonnes); 6 feuillets.

Cette prière a les signes intercalés pour la musique.

3. መልክዐ ፡ መርቆሬዎስ Image de Marqorewos, c'est-à-dire, éjaculations à ce saint; 4 feuillets. Près de la moitié du dernier feuillet est mangée par les rats.

4. Éjaculations aux apôtres, à la sainte Croix, à saint Michel; 3 feuillets.

N° 147. — ሰዋስው Sawasiw « Vocabulaire ».

19 sur 17; demi-relié; mahdar commun; écriture guilh en deux colonnes; 65 feuillets.

1. Sorte de préface; 1 feuillet.

2. ሰዋስው ፡ ጥበብ Sawasiwa tibab « Échelle de sagesse (ou science) », vocabulaire; 61 feuillets.

Cet ouvrage est divisé en soixante-trois portes (chapitres).

3. Racines gi'iz rangées par rimes; 2 feuillets.

4. Quelques charmes pour guérir (incomplets à la fin); 1 f.

Un charme sur papier détaché se trouve aussi entre les feuillets.

N° 148. — አሪት ፡ ዘ፰ ብሔር Orit za simmintu biḫer « Les huit livres de la loi (ancienne) ».

42 sur 38; une planche reliée; dos découvert, sans étui; carré de brocart sale; mauvaise écriture guilḫ en **deux** colonnes, ce qui est bien rare pour un aussi grand volume; livre acheté à un Falaša et sur ses instantes prières; 231 feuillets, dont 3 blancs.

L'encre de ce manuscrit est tellement collante, que plusieurs mots sont effacés. Plusieurs colonnes sont surmontées de titres en rouge.

1. Dix commandements, description du diable ዳብሎስ dablos; entre autres, il a quatre cent soixante-deux dents; portraits de Moïse et d'Aaron; 1 feuillet.

2. Genèse, divisée par des chiffres en marge, en cent dix-sept sections; 42 feuillets.

3. Exode, cent trente sections; 23 feuillets.

4. Lévitique, trente-cinq sections; 28 feuillets.

5. Nombres, quarante-six sections; 41 feuillets.

6. Deutéronome, onze sections; 36 feuillets.

7. Josué (ዮሴዕ Yoseï), treize sections; 27 feuillets.

8. Juges, treize sections; 26 feuillets.

9. Ruth; 4 feuillets.

N° 149. — ሰሎሞን Salomon « (Livres de) Salomon ».

17 sur 15; broché en planches, dont une est raccommodée; sans étui; deux colonnes; 106 feuillets, dont 2 blancs.

Deux feuillets intercalés vers la fin contiennent un peu de plain-chant et d'autres lignes difficiles à comprendre dans leur vétusté. Tout ce volume est endommagé par la fumée.

1. Notes chronologiques; 1 feuillet.

2. Proverbes de Salomon; 31 feuillets.

3. ተግሣጽ Exhortation (voy. n° 55, 4); 6 feuillets.

4. Ecclésiaste; 12 feuillets.

5. Sagesse; 29 feuillets.

6. Daniel; 25 feuillets.

De tous les livres éthiopiens, ceux de Salomon offrent peut-être le plus grand nombre de variantes.

N° 150. — ጸሎታተ ፡ ፈላስያን Ẓalotata Falasyan
« Prières des Falaša ».

12 sur 11; broché en planches raccommodées; deux colonnes; mauvaise écriture, ainsi qu'il en abonde chez les Falaša; 48 feuillets.

1. Prière contre l'ophthalmie (une colonne par page); 1 feuillet.

2. ዝንቱ ፡ መጽሐፍ ፡ ዘእግዚእየ Livre de mon Seigneur; 13 feuillets.

Au douzième feuillet commence une supplication pour Jérusalem qui a été vaincue, et dont on est banni; on prie pour sa restauration. Le nom de cette ville sainte revient si souvent, qu'on dirait une litanie, forme de prière inconnue d'ailleurs en Éthiopie.

3. Autre prière; 9 feuillets.

4. Vision d'Isaïe; 5 feuillets.

5. Du prophète Gorgoryos; 2 feuillets.

6. Commencement de l'Exode, commencement du Deutéronome, extrait d'Esdras, etc. 18 feuillets.

Deux feuillets détachés contiennent une prière contre la grêle, qui porte l'épithète mormorewon (marmoreum?). Dieu y est appelé Paraklitos (Παράκλητος); enfin on y cite les quatre Évangiles, ce qui prouve que cette prière vient des chrétiens.

N° 151. — ምእላድ Mi-ilad « Collection ».

20 sur 14; reliure neuve, mais mal faite; maḫdar et difat communs, mais bons; arabesques encadrant la première page, sauf en bas; deux colonnes; 83 feuillets, dont 5 blancs.

1. Préface; 9 feuillets.

2. Croyance dans le Père; 5 feuillets.

3. Croyance dans le Fils; 29 feuillets.

4. Croyance dans le Saint-Esprit; 13 feuillets.

5. Croyance dans le Baptême; 10 feuillets.

6. Croyance dans la Résurrection; 12 feuillets.

Cet ouvrage, composé en ces derniers temps, est une sorte de catéchisme, et procède par demandes et réponses. Dans la préface on le nomme ሃይማኖት ፡ ርትዕት, ou foi orthodoxe. Dans l'épilogue il est nommé ሕምስቱ ፡ አዕማደ ፡ ምሥጢር, nom qu'on donne plus communément à un ouvrage amariñña que j'ai perdu à Muçaww'a, et qui est, dit-on, la traduction de celui-ci. Le titre en tête est ordinairement préféré, bien qu'il n'existe pas dans l'ouvrage.

N° 152. — አንቀጸ ፡ አሚን Anqaṣa amin
« Porte de croyance ».

31 sur 22; volume de papier vergé acheté au Caire; 86 feuillets écrits sur deux colonnes.

1. Kibra nagast (voy. n° 97), en cent seize divisions; 57 feuillets.

2. Donations des rois à l'église de Aksum, et récits abrégés de quelques événements, extraits des feuillets blancs de l'Évangile d'or ወንጌል ፡ ዘወርቅ, à Aksum; 14 feuillets.

3. ዜና ፡ ሰርኪስ ፡ ዘአርማንያ ፡ ወዜና ፡ ቅዱስ ፡ ተርታግ « Nouvelles de Sarkis d'Arménie, et nouvelles de saint Tartag, roi d'Arménie », historiette qui explique d'une manière assez improbable la séparation religieuse des Grecs ሮም et des Arméniens; 2 feuillets.

Les trois premières colonnes sont de ma main.

4. ሃይማኖት ፡ ማር (sic) ያዕቁብ Foi de Jacques Albaradʻi, docteur; 3 feuillets.

5. « Porte de croyance, espoir des serviteurs du Messie et opprobre des musulmans qui sont dans l'erreur »; 10 feuillets.

Ce petit traité est une controverse dirigée contre l'islamisme; en Éthiopie, il est aussi peu connu que Tartag, qui ne l'est guère.

N° 153. — ዜና ፡ ራስ ፡ ሚካኤል Zena Ras Mika-el
« Histoire du Ras Michel ».

18 sur 13; relié avec tout le luxe possible à Aksum; maḥdar, difat, mais point de carrés en étoffe; deux colonnes; 92 feuillets, dont 8 blancs.

1. ዞቲ ፡ መጽሐፍ, etc. « Cette épître fut écrite et envoyée par un

pauvre..... du monastère..... de Narga (dans le lac Ṭana)... à MIKA-EL, chef du gouvernement royal »; 62 feuillets.

Cette histoire, qu'on pourrait appeler une apologie, est suivie par une ቅኔ pièce de vers adressée au Ras. — C'est sans doute le même ouvrage que Yanni fit copier pour Bruce. L'histoire finit avant la mort du Ras Mika-el.

2. ዛቲ ፡ ጸሎት ፡ ዘእግዚእትነ ፡ ማርያም, etc. « Ceci est la prière de Notre-Dame MARIE, proférée par elle dans le pays de Bartos; 22 feuillets.

Cette prière, connue sous le nom de Bartos, est regardée comme tout à fait apocryphe, en Éthiopie même, où la foi si forte, mais si peu éclairée en général, accepte tout ce qu'on lui offre.

N° 154. — ግዕዜ Gizawe « Explication ».

22 sur 18; mauvaise écriture moderne sur papier d'Europe, en deux colonnes; encre pâle et de teintes inégales; demi-reliure française : dos de maroquin noir, avec filets; maḥdar et difat couverts de percale noire. J'ai paginé ce volume aux recto, les pages 2, 4, 138-145 et 204-214 étant restées en blanc.

1. የኩፋሌ ፡ ትርጓሜ Explication du Kufale (voyez n° 117); pages 6-137.

Comme ce livre apocryphe, bien que regardé comme un accessoire seulement de l'Ancien-Testament, fait néanmoins partie de l'enseignement en Éthiopie, j'ai désiré connaître le commentaire traditionnel qu'on lui applique, afin de voir surtout comment les mamhiran entendent les passages obscurs. J'ai donc fait écrire ce commentaire en amariñña sous la dictée du Mal-aka ẓahay Waṣan, l'un des plus savants professeurs du Gojjam. Vers la page 100, la mauvaise qualité du papier rend le texte peu lisible.

2. Giẓawe; pages 146-203.

Cet ouvrage, sorte de bréviaire dont le prototype existe à Aksum, se nomme « Explication copte des fêtes d'une Saint-Jean à l'autre ». C'est par cette fête que commence l'année éthiopienne. Le Giẓawe donne pour chaque jour de l'année les noms des saints commémorés, ainsi que l'indication des épîtres et des évangiles du Rituel copte. Les interminables lenteurs des copistes et mon départ pour l'Europe m'ont empêché de faire transcrire cet ouvrage plus loin que la fin du mois de taḫsas, qui est le quatrième de l'année.

N° 155. — ፈውስ፡መንፈሳዊ Fạws mạnfạsawi
« Remède spirituel ».

24 sur 21; broché en planches, sans étui; deux colonnes; 164 feuillets, dont 7 blancs.

1. « Livre du remède spirituel, canon des Pères apôtres, discours primitif »; 48 feuillets.

Cet ouvrage, qui jadis faisait suite au Fịtḥa nạgạṣt, est un traité de théologie pratique, suivi de solutions de cas de conscience. L'auteur est anonyme.

2. Foi du docteur ማሬ (*sic*) Yaʿiqob il Bạradʿi; 9 feuillets.

3. ነገረ፡ማኅበር, etc. « Discours de l'Assemblée des trois cent dix-huit (Pères) orthodoxes, écrit par Sawiros pour être lu le 9 hidar; 42 feuillets.

Ces trois cent dix-huit Pères formaient le concile de Nicée, qui est fort célèbre en Éthiopie.

4. « Explication de la foi orthodoxe établie par les trois cent dix-huit Pères, recueillie par le saint Père Sawiros, en dix portes (sections); 152 feuillets.

5. Épactes, etc. du cycle pascal; 6 feuillets.

Il y a une page blanche au verso du vingt et unième feuillet de cet ouvrage. Cette lacune, laissée à dessein, sépare la dixième porte, qui occupe 31 feuillets, et qui commente la traduction et l'explication de la foi du Concile susdit.

N° 156. — ትርጓሜ ፡ አሪት Tirguame orit
« Explication de la loi mosaïque ».

23 sur 19; reliure en bon état mais mal faite, avec trois croix grecques sur le dos, ce qui est au moins rare; deux étuis communs; deux colonnes de petite écriture avec notes marginales; 132 feuillets.

1. Questions théologiques sur les accidents qui peuvent arriver à l'occasion du saint Sacrifice; 2 feuillets.

2. Explication du Pentateuque; à la fin est un charme contre les serpents; 17 feuillets.

3. Explication d'Isaïe; 33 feuillets.

4. Explication d'Esdras; 15 feuillets.

5. Explication de Daniel; 13 feuillets.

6. Explication des Petits Prophètes; 28 feuillets.

Une note à la fin dit que, selon quelques-uns, le deuxième livre d'Esdras a été traduit d'une autre langue jusqu'aux mots « les lévites ordonnèrent au peuple », et qu'à partir de ces mots il a été traduit de l'arabe. En général, les Éthiopiens croient que leurs saintes Écritures ont été traduites de l'arabe, qu'ils confondent avec le copte.

7. Explication des Livres des Rois, des Petits Prophètes, la seconde fois, etc. 24 feuillets.

Il y a beaucoup de mots amariñña mêlés dans tout ce volume.

N° 157. — መምህረ ፡ ተስእልየ Mamhira tas-ilya
« Enseigneur de mes questions ».

29 sur 24; broché en planches, dont une cassée; relié jadis; belle écriture guilḫ en deux colonnes; 227 feuillets.

1. Notes sur le Pentateuque; 39 feuillets.

2. Après le vingt-quatrième feuillet on a intercalé dans la reliure onze feuillets d'extraits du Pentateuque tracés dans cette écriture, informe aujourd'hui, qui est propre aux Falaša.

3. Explication des Rois et des Paralipomènes; 26 feuillets.

4. Explication de Daniel; 26 feuillets.

5. Petits Prophètes; 90 feuillets.

6. Isaïe; 35 feuillets.

Ce livre de commentaires contient, comme le n° 156, des mots amariñña, et l'on y voit dans le mot ውሀ (eau) la forme du ሐ surmonté de deux feuilles, tel qu'on l'emploie aujourd'hui, mais en tigray seulement, pour exprimer une h très-forte, sans doute le son primitif du ኀ giʿiz.

N° 158. — ነገረ ፡ ማርያም Nagara Maryam
« Discours sur MARIE ».

38 sur 33; reliure belle, mais légèrement piquée des vers; deux étuis de mas

rouge, comme au n° 31; carrés de soie verte; deux colonnes; écriture guilh; 178 feuillets, dont 2 blancs.

1. « Traité du bienheureux Ta-ofilos, patriarche d'Alexandrie, sur la sainte Vierge MARIE, mère de Dieu », en vingt-cinq sections; 14 feuillets.

2. « Traité... sur un miracle de Notre-Seigneur Jésus-Christ en Égypte », en vingt-neuf sections; 24 feuillets.

Selon l'épilogue, ce traité est de saint Ṭimotewos.

3. « Traité sur sainte MARIE, Vierge, par Abba Yoḥannis ዪእስ évêque d'Éthiopie », en quatre sections; 6 feuillets.

4. Sur le même sujet; 4 feuillets.

5. « Naissance de MARIE, Notre-Dame..... », en six sections; 8 feuillets.

6. « Traité de MARIE, naissance de sainte MARIE, comment elle entra dans le temple », etc. en neuf sections; 5 feuillets.

7. Annonciation, etc. 9 feuillets.

8. « Traité, par Abba Ḥiryaqos, évêque de Biḥinsa, sur la gloire de Marie »; 16 feuillets.

9. « Livre du repos (mort) de MARIE »; 29 feuillets.

Les sections de *8* et *9* ne sont pas numérotées.

10. Assomption; 15 feuillets.

11. Commémoration de Notre-Dame, au 21 du mois de sane; 9 feuillets.

12. Ascension de Notre-Dame, au 17 naḥase; 15 feuillets.

13. « Traité de... Ḥiryaqos, évêque de Biḥinsa, composé dans l'église de MARIE »; 9 feuillets.

14. « Comment Notre-Dame MARIE se cacha dans les montagnes du Liban » en fuyant Hérode; 13 feuillets.

N° 159. — ሰዓታት Sa'atat « Livre d'heures ».

20 sur 14; sept cahiers écrits sur deux colonnes pour le Liq Aṭqu, à Gondar; 62 feuillets, dont 10 blancs.

Après deux colonnes dépareillées, l'ouvrage commence par la prière de minuit. On m'a cédé ces heures sous le nom de Heures coptes, mais je les croirais venues des Grecs et parce que le Liq Aṭqu était de leur religion, et parce que la fin de ces prières est indiquée par le mot ጤሎስ τέλος, fin.

N° 160. — ሰዋስው Sawasiw « Vocabulaire ».

10 sur 9; reliure européenne de maroquin noir; tranche dorée; maḥdar et difat de parchemin vert; écriture raqiq et moderne sur une colonne; parchemin parsemé de trous, de taches et de gerçures; 43 feuillets, dont 6 blancs.

Le Liq Aṭqu me céda ce petit volume longtemps après que j'en eus fait exécuter une copie sous le n° 27 ci-dessus. J'ai fait entrer dans ma collection tous les vocabulaires que j'ai rencontrés, dans la persuasion qu'ils seront utiles pour compléter des lexiques soit gi'iz, soit amariñña.

N° 161. — የሄኖክ ፡ ትርጓሜ Ya Henok tirguame « Explication d'Hénoch ».

24 sur 17; reliure dans un genre nouveau; étui double de fort mas; écrit sur

papier arabe en deux colonnes, et paginé de ma main; cinq piqûres de vers; 187 feuillets, dont 19 blancs.

1. Explication du livre d'Hénoch faite en amariñña, d'après l'enseignement traditionnel, par mon professeur favori, Mamhir Getahun; 107 feuillets.

2. Vie de Fire Mika-el (saint d'Éthiopie); 4 feuillets.

3. Vie de Zar-a Abriham (saint d'Éthiopie); 10 feuillets.

4. Histoire de Hasen (en arabe); 47 feuillets.

Ce volume a été transcrit pour moi.

N° 162. — መጽሐፈ ፡ ኑዛዜ Mazhafa nuzaze
« Livre de pénitence ».

33 sur 18; trois cahiers copiés pour moi sur mauvais papier arabe, en deux colonnes; les six premiers feuillets sont entamés par les rats, qui ont endommagé la fin des cinq lignes du fond; 40 feuillets, dont 2 blancs.

1. Livre de pénitence; 6 feuillets.

2. መጽሐፈ ፡ ክርስትና Mazhafa kristina, formulaire pour le baptême; 14 feuillets.

3. ሐፀረ ፡ መስቀል Hazura masqal « Enclos de la croix »; 13 f. Prières superstitieuses contre les ennemis.

4. ሰቆቃወ ፡ ድንግል Saqoqawa Dingil « Lamentations de la Vierge »; 5 feuillets.

N° 163. — ስንክሳር Sinkisar

« Abrégé des Vies des saints ».

88 sur 30; relié, sans étui; carrés de coton; trois colonnes; 159 feuillets.

Vies des saints, depuis Magabit jusqu'à Paguimen.

Ce volume, que j'ai longtemps cherché, complète, avec le manuscrit 1, l'ouvrage appelé Sinkisar; l'écriture de ce volume est médiocre et inégale.

1. Courtes prières, avec lacunes, sur une colonne par page; 1 f.

2. Sinkisar fait par Michel, évêque de Atrib; 157 feuillets.

3. Prières, etc. 1 feuillet.

N° 164. — ፪ ሐዲሳት Arba'itu ḥaddisat

« Seconde partie du Nouveau-Testament ».

23 sur 21; demi-relié; mahdar et difat communs; écriture moyenne en deux colonnes, avec beaucoup de notes marginales du Mamhir Walda Qefa; 208 feuillets, dont 2 blancs.

1. Épître de Paul aux Romains; 20 feuillets.

2. Épître de Paul aux Corinthiens; 21 feuillets.

3. Deuxième Épître de Paul aux Corinthiens; 14 feuillets.

4. Épître de Paul aux Galates; 6 feuillets.

5. Épître de Paul aux Éphésiens; 7 feuillets.

6. Épître de Paul aux Philippiens; 5 feuillets.

7. Épître de Paul aux Colossiens; 4 feuillets.

8. Épître de Paul aux Thessaloniciens; 5 feuillets.

9. Deuxième Épître de Paul aux Thessaloniciens; 3 feuillets.

10. Épître de Paul à Timothée; 5 feuillets.

11. Deuxième Épître de Paul à Timothée; 3 feuillets.

12. Épître de Paul à Titus; 2 feuillets.

13. Épître de Paul à Philémon; 1 feuillet.

14. Épître de Paul aux Hébreux; 18 feuillets.

15. Première Épître de Pierre; 5 feuillets.

16. Deuxième Épître de Pierre; 3 feuillets.

17. Première Épître de Jean; 4 feuillets.

18. Deuxième Épître de Jean; 1 feuillet.

19. Épître de Jacques; 5 feuillets.

20. Épître de Jude; 1 feuillet.

21. Apocalypse; 22 feuillets.

22. Actes des apôtres (divisés en trois cent soixante et seize parties par des chiffres en marge); 51 feuillets, dont le bas est sali par les doigts des étudiants.

N° 165. — ተአምረ ፡ ማርያም Ta-ammira Maryam
« Miracles de MARIE ».

34 sur 30; belle reliure, mais sans carrés; maḫdar et difat communs, mais neufs; écriture guilḫ en deux colonnes; cent quarante-quatre miracles, en 156 feuillets, dont 4 blancs.

Selon le prologue, cet ouvrage fut écrit à Malqa, en Égypte, et traduit de l'arabe en gi'iz dans le pays d'Éthiopie, du temps de Jean, patriarche d'Alexandrie, et de Michel et Gabriel ጸጸሰትነ, nos évêques, et sous Jean ኤጺስ ፡ ቆጾስ, évêque, la troisième année après son départ pour l'Éthiopie, et sous le roi Zar-a Ya'iqob, après qu'il eut régné sept ans.

N° 166. — አፈ ፡ ወርቅ Afa warq
« Saint Jean Chrysostome ».

30 sur 27; demi-relié; deux étuis communs; écriture moyenne en trois colonnes; 152 feuillets, dont 2 blancs.

Ce volume est un autre exemplaire du n° 20,3, ci-dessus. A la fin est un feuillet d'un autre ouvrage, sans commencement ni fin. Au soixante-cinquième feuillet est une figure de l'arche de Moïse.

N° 167. — ታሪክ ፡ ነገሥት Tarika nagast
« Histoire des Rois ».

24 sur 17; relié comme le n° 161; mahdar et difat neufs, et faits selon la mode économique de ces derniers temps; deux colonnes; 180 feuillets, dont 14 blancs.

Comme les différentes histoires éthiopiennes offrent de très-grandes variantes, j'ai fait copier celle-ci sur papier (faute de parchemin), d'après un vieux manuscrit fort estimé, et le seul, dans Gondar, que le public pût consulter. Celui-ci commence ainsi :

1. « Au nom du Père et du Fils et du Saint-Esprit, un Dieu, nous commençons à écrire ዜናሁ· une histoire plus douce que le miel et le sucre, et préférable à l'or et à la pierre précieuse de la topaze, qui entraîne la bouche de celui qui raconte, et l'oreille pour entendre le glorieux grand Roi des Rois, Ailaf saggad (vénérable aux myriades), nommé, par la grâce du Seigneur, selon le nom de Jean l'Évangéliste..... que Dieu seulement nous permette de l'écrire ». Il s'agit ici du roi Yoḥannis, qui monta sur le trône en 1665. L'histoire de son règne occupe 27 feuillets.

2. Règne du grand Iyasu et suivants; 106 feuillets.

3. Règne de Bakafa; 26 feuillets.

4. Histoire éthiopienne pour les cinq années 1842 à 1847; 7 feuillets.

168. — ተአምረ ፡ ኢየሱስ Ta-ammira Iyasus
« Miracles de Jésus ».

29 sur 25; reliure vieille et médiocre, à dos refait; carrés de damas rouge; maḥdar en mauvais état; écriture médiocre, espacée et en deux colonnes; 131 feuillets, dont 1 blanc.

Cet ouvrage renferme des traditions quelquefois apocryphes sur Notre-Seigneur; il est divisé en quarante-deux miracles, et contient, vers la fin, le Livre du coq (voy. n° 11) et l'histoire de la Passion.

N° 169. — ታሪክ ፡ ዘኢየሱ Tarik za Iyasu
« Histoire de Iyasu (le Grand) ».

25 sur 18; 12 feuillets non reliés.

1. Cette histoire de Iyasu a appartenu au Liq Aṭqu et porte en marge des notes en allemand de la main de M. Ed. Rüppel. Gondar est ici écrit Guandar, selon l'orthographe ancienne.

2 et 3. Deux exemplaires de l'Histoire de la fondation, dans Narga

(île du lac Ṭana), d'une église dédiée à la Trinité (voy. n° 108, 5); 23 feuillets.

Cinq pages et demie contiennent des actes de propriété, qui, selon la loi du pays, étaient transcrits en double lors de la vente, savoir : une chez le Liq, et l'autre dans les feuillets volants de l'Évangile principal d'une église, ou bien dans le Sinkisar ou recueil des Vies des saints.

N° 170. — ጉባኤ ፡ መልክዕ Guba-e malk'i
« Recueil d'images ».

16 sur 10; reliure solide, mais mal finie; sans étui; deux colonnes; 90 feuillets, dont 2 blancs.

1. J'ai déjà parlé (voy. n° 70) de ces prières singulières appelées መልክዕ images ou ressemblances, parce que leurs auteurs décrivent toutes les parties du corps d'un saint. Ce volume renferme de ces proses pieuses adressées :

1. A Notre-Seigneur; 8 feuillets.
2. A saint Georges; 6 feuillets.
3. Aux douze apôtres; 4 feuillets.
4. A saint Jean; 2 feuillets.
5. A saint Paul et à saint Pierre; 3 feuillets.
6. A saint Étienne; 4 feuillets.
7. A saint Marqoryos; 2 feuillets.
8. A saint Qirqos; 3 feuillets.
9. A saint Galawdyos; 4 feuillets.
10. A saint Fasiladas; 4 feuillets.
11. A saint Tewodiros; 3 feuillets.
12. A saint Fiqiṭor; 4 feuillets.
13. A saint Minas; 3 feuillets.
14. A saint Yolyos; 3 feuillets.
15. A saint Filatawos; 2 feuillets.
16. Aux saints enfants de Tewdada; 2 feuillets.
17. A saint Nob; 2 feuillets.
18. A saint Sibisṭyanos; 2 feuillets.
19. A saint Sarabamon; 3 feuillets.
20. Aux saints enfants; 2 feuillets.
21. A saint Pilate; 2 feuillets.
22. A saint Tewodiros; 2 feuillets.
23. A saint Hor; 2 feuillets.

24. Aux saints Abadir et Era-i; 1 feuillet.
25. A saint Yosṭos; 2 feuillets.
26. A saint Aboli; 1 feuillet.
27. A saint Tewodiros; 1 feuillet.
28. A saint Abib; 2 feuillets.
29. A saint Gabra Kristos (esclave du Christ); 2 feuillets.
30. A saint Kiros; 2 feuillets.
31. A Za Mika-el dit Aragawi; 3 f.

2. Longueurs des ombres du corps de l'homme sur un terrain horizontal pour le temps du déjeuner, ou fin du jeûne selon les divers mois; 2 feuillets.

N° 171. — ኪዳን ፡ ነግህ Kidana nagh
« Pacte de l'aurore (Matines) ».

14 sur 11; relié; sans étui; une colonne par page; écriture forte; 121 f.

1. Portraits de saint Georges, de Notre-Dame, de saint Samuel; 2 feuillets.

2. Kidan za nagh. « Prières de l'aurore »; 12 feuillets.

3. « Sur la science des (choses) cachées »; 9 feuillets.

4. Igzi-abher za brihanat (Dieu des lumières), prière; 6 f.

5. Basma Igzi-abher qadamawi, prière; 5 feuillets.

6. « Prière de Notre-Dame MARIE, mère de la lumière », etc. 34 feuillets.

Cette prière, écrite par Abrokoris, disciple de Jean, sert de sauvegarde contre les ennemis.

7. « Dieu, donneur de lumière », etc. prière à MARIE, avec deux figures inachevées; 16 feuillets.

8. « Créature au ciel et sur la terre », etc. prière à Notre-Dame, suivie de deux autres; 20 feuillets.

9. **መልክዕ** Image en prose en l'honneur de saint Georges; deux portraits et une croix à la fin; 17 feuillets.

N° 172. — **ፊልክስዩስ** Filkisyus.

24 sur 23; demi-relié; maḫdar et difat; deux colonnes; 193 feuillets, dont 2 blancs.

Ce manuscrit est remarquable par les nombreuses notes explicatives en amariñña; elles sont écrites en marge.

1. Prières, avec lacunes; 2 feuillets.

2. Mar Yshaq (voy. n° 33), en trente-quatre portes; 98 feuillets.

3. Filkisyus (voy. n° 23), en deux cent quarante-six divisions; 93 feuillets.

N° 173. — **፬ ወንጌል** Arba'itu Wangel
« Les quatre Évangiles ».

9 sur 9; relié à Aksum, avec maḫdar et difat à deux queues; deux colonnes; lettres hautes d'un millimètre; 110 feuillets, dont 3 blancs.

Deux feuillets du dernier Évangile sont troués et déchirés, et présentent ainsi des lacunes de quelques mots.

1. Évangile de saint Matthieu; 30 feuillets.

2. Évangile de saint Marc (lettres hautes d'un millimètre et demi); 24 feuillets.

3. Évangile de saint Luc (lettres hautes d'un millimètre et demi); 31 feuillets.

4. Évangile de saint Jean (écriture plus fine); 22 feuillets.

N° 174. — ሀርማ Herma « Le pasteur Hermas ».

21 sur 17; huit cahiers détachés copiés pour moi, sur papier d'Europe, en deux colonnes par page; 80 feuillets, dont 1 blanc.

Tous les mạmhịran d'Éthiopie parlent de Herma d'après la citation qu'en a faite Yared dans le Dịggua (voyez n° 87); bien peu d'entre eux en ont vu le seul manuscrit connu, qui existe au couvent de Guịndạguịnde. J'en dois la communication à la complaisance de Monseigneur de Jacobis, préfet de l'une des missions apostoliques en Éthiopie, et je l'ai fait copier chez lui à Guạl'a, en Ag'ame.

1. ዘሀርማ ፡ ነቢይ, etc. « Du prophète Herma. Celui qui m'a élevé me vendit à Rode, (dans le) pays de Rome, et plusieurs années après, je l'ai trouvée et aimée comme ma sœur, et ensuite, après peu de jours, je l'ai vue de rechef qui se lavait au fleuve Ṭibron (Tibre), et je lui donnai ma main et je la retirai de la rivière..... et l'Esprit m'emporta là où l'homme ne peut aller, etc. » — 45 feuillets.

Cet ouvrage est le livre attribué au pasteur Hermas et connu par deux traductions latines. D'après un premier examen, le texte gi'iz semble avoir été traduit de l'arabe.

2. Règlement ordonné par l'ange du Seigneur à Abba Pakuịmịs, dans le pays nommé Ṭạrạbensos, dans les limites de Ṭạbays (Thébaïde?); 6 feuillets.

Ceci est une règle monastique dont je dois la connaissance au zélé missionnaire déjà cité.

3. « Nous publierons un peu des nouvelles de la vie de notre bienheureux et saint Père Abukarazun..... mort en ginbot (nom de mois) »; 28 feuillets.

Ce saint était de Naïder, du pays de Aksum, du peuple de Madabay et de la tribu de Dignu.

N° 175. — ሰዋስው Sawasiw « Vocabulaire ».

15 sur 10; broché en mas, sans étui; une colonne; 26 feuillets, dont 4 blancs.

Le commencement manque à ce manuscrit. Le mot Sawasiw est ambigu et signifie grammaire ou vocabulaire, ou, ce qui arrive le plus souvent, tous les deux à la fois. Celui-ci s'arrête tout court peu après avoir commencé le ግስ gis, c'est-à-dire la liste des racines gi'iz rangées par désinences; car il finit à ከፈለ « partagea », et ne donne ainsi que le quart des racines. Je ne dis rien ici de la grammaire indigène des Éthiopiens, car son exposé complet exigerait un traité spécial.

N° 176. — ውዳሴ ፡ ለመስቀል Widdase la masqal
« Louanges à la Croix ».

9 sur 8; broché en mas, sans étui; une colonne; 57 feuillets, dont 3 blancs.

1. « Louanges et humbles actions de grâces à la Croix »; 31 f.

2. « Le Seigneur découvre tout ce qui est caché », etc. prière; 15 feuillets.

3. Vers et prières; 8 feuillets.

N° 177. — ገድለ ፡ ታዴዎስ Gadlạ Tadewos
« Vie de saint Thaddée ».

20 sur 20; demi-relié, avec deux vieux étuis; deux colonnes; 127 feuillets, dont 4 blancs.

Ce Thaddée, dit martyr d'Éthiopie, était natif de Sịbṭa, lieu dont la situation m'est inconnue.

1. Vie de Tadewos (un feuillet paraît avoir été enlevé au milieu); 55 feuillets.

2. Prose adressée à Tadewos; 4 feuillets.

3. Prose adressée à Filmona (prière); 4 feuillets.

L'écrivain dit en terminant, selon un ancien usage aujourd'hui perdu : « Ô mes pères et mes frères, qui usez de cette prière, n'oubliez pas de dire un *pater* pour moi, afin que mon labeur n'ait pas été en vain. »

Quelques archaïsmes dans le texte autorisent à attribuer une grande antiquité à ce traité, dont la transcription paraît moderne d'ailleurs.

4. Traité fait par un homme qui demeurait dans les rues de Aksum, sur les œuvres surérogatoires de la vie de Filmona; 60 f.

Ce saint était aussi natif de Sịbṭa.

N° 178. — ማር ፡ ይስሐቅ Mar Ysḥạq.

25 sur 22; demi-relié; maḥdạr et difat; deux colonnes; 128 feuillets, dont 2 blancs.

1. Mar Ysḥạq (voy. n°ˢ 33, 37 et 172); 111 feuillets.

2. « Livre des témoignages de la qualité de Messie de Notre-Seigneur et notre Dieu, dits par nos Pères »; 5 feuillets.

3. (Extrait) des discours des Pères (imparfait à la fin); 10 feuillets.

N° 179. — ገድለ ፡ ሰማዕታት Gadla samaïtat
« Vies des martyrs ».

47 sur 41; broché en planches; trois colonnes; écriture guilḥ et demi-antique; volume bien conservé; 258 feuillets, dont 2 blancs.

Extrait avec esquisse; 1 feuillet.

1. Saint Pifamon; 13 feuillets.
2. Saint Abba Akawiḥ; 7 feuillets.
3. « Nouvelle de la chaste et bonne et bénite Orni »; 4 feuillets.
4. Sainte Ṭeqala; 2 feuillets.
5. Saint Abuqir et saint Yoḥannis; 4 feuillets.
6. Saint Filmon; 4 feuillets.
7. Saint Inṭonis, martyr en la ville de Riqa, arabe ቄረሳዊ (Koreyš?); 3 feuillets.
8. Saint Tewodoṭos; 3 feuillets.
9. Les sept enfants; 1 feuillet.
10. Tewoṭiqanos d'Alexandrie; 3 f.
11. Les quatre saints soldats; 3 f.
12. Saint Tewoqriṭos; 6 feuillets.
13. Saint Georges; 32 feuillets.
14. Saint Jean, fils du charpentier; 4 feuillets.

15. Saint Susinyos, fils de Sus, d'Antioche; 5 feuillets.
16. Saint Fiqiṭor (Victor); 7 f.
17. Saint Ysḥaq de Difra, en Bina; 5 feuillets.
18. Saint Yoḥannis de Sinhut; 5 f.
19. Traité du patriarche Tewofilos, d'Alexandrie, sur l'Église des trois enfants (du Vieux Testament); 6 feuillets.
20. Saint Abriḥam, le charpentier; 5 feuillets.
21. Saint Abaskiron de Qalin; 8 f.
22. Saint Galawdewos, መኰንን noble; 7 feuillets.
23. Saint Minas; 13 feuillets.
24. Les saints soldats Za-ari Nosofis, Petros et Iskiryon (avec esquisse); 5 feuillets.
25. Saint Georges, le nouveau; 5 f.

26. Saint Nasir, fils de Salomon; 9 feuillets.

27. Saint Atinasyos (trois esquisses à la fin); 3 feuillets.

28. Saint Anistasyos, de Awqitos, après Sagyanos, évêque de la même ville; 6 feuillets.

29. Sainte Marina (avec cinq esquisses à la fin); 8 feuillets.

30. Saint Nob; 11 feuillets.

31. Saint Abakirazun des gens de Ilbinwanin (esquisse à la fin), traduit par Salama, premier évêque (de Aksum); 20 feuillets.

32. Saint Ystos, roi, son fils Aboli et sa femme Tawkalya, traduit de l'arabe, par Salama; 11 feuillets.

33. Sainte Pistis, sainte Alapis et sainte Agapis, de Rome; 4 feuillets.

34. Sainte Makbyu et ses sept enfants; 4 feuillets.

35. Saint Harustifarus et deux saintes femmes; 3 feuillets.

36. Saint Basiliqos; 3 feuillets.

37. Sainte Kristina; 6 feuillets.

38. Saint Intawos; 4 feuillets.

39. Saint Indryanos, vingt-quatre martyrs, et la bienheureuse Intolya; 5 feuillets.

40. Saint Herenewos; 1 feuillet.

La doxologie est répétée en encre rouge au haut et au bas de chaque colonne centrale. Il serait intéressant de rechercher quels sont, parmi ces martyrs, ceux qui manquent à la collection des Bollandistes. Le septième, ou Intonis, est l'un de ces chrétiens arabes qui, dans leur patrie du moins, n'ont pas encore vu fructifier leur sang.

N° 180. — ፍትሐ ፡ ነገሥት Fitha nagast « Jugement des rois ».

31 sur 25; écrit et relié pour moi avec le plus grand soin, à Gondar, en 1848; mahdar et difat reliés; 164 feuillets, dont 5 blancs et 1 demi-écrit et rejeté.

Cet ouvrage, basé sur les canons arabes du concile de Nicée, est, en Éthiopie, le code des lois écrites. On y croit qu'il a été composé par le concile de Nicée, à l'usage de Constantin, qui ne voulait pas disposer de la vie des hommes, même criminels, sans en avoir été autorisé par l'Église. Malgré cette origine respectable, les anciens Fitḥa nagaśt, conformes sans doute à celui que Zar-a Ya'iqob fit d'abord traduire de l'arabe, diffèrent néanmoins beaucoup des codes en vigueur aujourd'hui. J'ai fait de vains efforts pour acquérir un ancien exemplaire, mais j'en ai examiné un à Quaraṭa. A force de questions, j'ai obtenu à cet égard le renseignement suivant sur lequel on peut compter. 'Aqab sa'a Kabte, mamhir célèbre, qui florissait au commencement de ce siècle, et qu'on regarde comme l'auteur du Mi-ilad (n° 151), amenda አቀና le Fitḥa nagaśt au moyen de la coutume traditionnelle : malgré ses soins, celle-ci ne s'accorde pas encore toujours avec la loi écrite, qui acquiert tous les jours plus d'importance en Éthiopie, à tel point qu'un professeur de droit est sûr aujourd'hui d'y gagner son pain, tandis que les mamhiran de pure théologie sont souvent exposés au plus pressant besoin.

Le Fitḥa nagaśt est divisé en deux parties.

1. Jugement spirituel, en vingt-deux portes (titres); 72 feuillets.

2. Jugement corporel, en vingt-neuf portes (numérotées ici jusqu'à 51); 86 feuillets.

Cet ouvrage existe, m'a-t-on assuré, en langue arabe, chez les Coptes; on trouverait sans doute que c'est l'ancien Fitḥa nagaśt qui, chose étrange, est tombé en désuétude même en Gojjam, où les leçons de 'Aqab sa'a Kabte ne sont guère en honneur, à cause du petit schisme qui divise les professeurs de ce pays de ceux de Gondar.

N° 181. — ዜና ፡ ናርጋ Zena Narga « Nouvelles de Narga ».

23 sur 18; trois cahiers sans étui; deux colonnes; 18 feuillets.

Même ouvrage qu'aux n°s 47, *11*, et 169, *2, 3*. On en fit faire sans doute ces quatre copies pour lui donner la plus grande publicité. Les deux derniers feuillets contiennent des titres de propriété confiés à la garde du feu Liq Aṭqu.

N° 182. — ሰዋስው፡ Sạwasịw « Vocabulaire ».

15 sur 13; sans commencement ni fin et sans étui; quelques feuillets sont détachés; 76 feuillets.

Ce manuscrit est le septième vocabulaire de ma collection. J'en ai recueilli le plus qu'il m'était possible, même des recueils incomplets, parce que ces ouvrages offrant des variantes continuelles, j'avais toujours l'espoir d'y rencontrer l'explication de ces mots rares aussi inconnus aux mạmhịran qu'à moi, et dont j'ai fait une liste assez stérile jusqu'ici. Ce manuscrit est endommagé par l'incendie qui consuma la maison hospitalière du Liq Aṭqu, tous les manuscrits de mon frère Arnauld et bien des trésors littéraires recueillis depuis de longues années par le savant Liq.

Les vocabulaires éthiopiens, écrits en gïiz et en amạriñña, sont rangés par ordre de matières, et donnent, par exemple, une liste de noms d'arbres, une autre de pierres précieuses, etc. ce qui est fort incommode pour la recherche, et ces livres ne seront guère utiles qu'à la suite d'un long dépouillement fait avec méthode et selon l'ordre alphabétique.

N° 183. — ገድለ ፡ ሄሮዳ Gạdlạ Heroda
« Vie de saint Heroda ».

24 sur 17; deux cahiers détachés écrits sur deux colonnes, avec arabesques et hiéroglyphes; écriture antique; 12 feuillets.

Heroda fut martyrisé dans la haute Égypte.

N° 184. — ሕማማት Ḥimamat
« Passion de Notre-Seigneur ».

12 sur 8; broché en mas, sans étui; une colonne; 41 feuillets, dont 3 blancs.

1. Charme (incompréhensible); 1 feuillet.

2. Passion de Notre-Seigneur, suivie d'extraits des Psaumes et de l'Apocalypse; 37 feuillets.

N° 185. — ነገረ ፡ ጋላ Nagara Galla « Langue des Gallas ».

16 sur 10; petit cahier sans étui; une colonne; 12 feuillets.

Ce vocabulaire, fait au commencement de ce siècle, est en ilmorma et en amariñña. Les deux premiers et les deux derniers feuillets, entamés par les rats, contiennent des notes de récoltes de céréales. — Le dialecte ilmorma écrit ici est celui des fils de Meça. — Au verso du deuxième feuillet est l'esquisse d'une femme qui file, assise sur une chaise.

N° 186. — ሃይማኖቱ ፡ ለማርቆስ Haymanotu la Marqos
« Foi de Marc ».

14 sur 10; cahier sans étui; une colonne; 16 feuillets, dont 3 blancs ou à peu près.

1. Paroles de Marc, neuvième patriarche d'Alexandrie, sur la foi orthodoxe; 4 feuillets.

2. Sur l'Incarnation (en amariñña), etc. 4 feuillets.

3. Chiffres rangés par mois; 1 feuillet.

4. Prières; 3 feuillets.

5. Prières à Fanu-el, chasseur de démons; 1 feuillet.

6. ሐሰብ ፡ ዕንዕት calcul de? Les mots ዕንዕት et ጽንጽንት, qui reviennent plusieurs fois dans cet extrait, me sont inconnus.

Au centre de ce cahier on a cousu une brochure en langue arménienne, et qui paraît être un almanach pour 1820.

N° 187. — ተአምረ ፡ ገብረ ፡ መንፈስ ፡ ቅዱስ
Tạ-ammịrạ Gạbrạ Mạnfạs Qịddus
« Miracles de Gạbrạ Mạnfạs Qịddus ».

18 sur 12; cahier sans étui, écrit sur deux colonnes; 19 feuillets. Cette brochure raconte huit miracles dus à ce saint.

N° 188. — ጸሎታተ ፡ ጽርእ Zạlotatạ Zịr-ị
« Prières en grec ».

16 sur 11; une colonne; 36 feuillets, dont 3 blancs.

J'ai rassemblé sous ce numéro quatre feuillets de prières grecques écrites en caractères éthiopiens et vingt-neuf feuillets de l'ouvrage dit Ạmmịst aïmadạ mịstịr (voy. n° 151). Bien qu'ils soient dépareillés, ils peuvent encore servir à l'étude de la langue amarịñña.

N° 189. — ብሩህ ፡ ደመና Bịruh dạmmạna
« Brillant nuage ».

12 sur 11; une colonne; 44 feuillets détachés.

FASCICULE A.

1. « Nuage brillant ». Conseils astrologiques pour tous les jours de l'année; 8 feuillets.

2. Divination à l'égard d'un ennemi; 2 feuillets.

3. Divination par le Livre de Judith (ሐሳብ ፡ ዮዲት), suivie d'une autre espèce de divination appelée quz; 2 feuillets.

4. Divination pour fonder les églises (ሐሳብ ፡ አድባር), suivie de la divination sur le chemin qu'on va prendre, etc. 4 feuillets.

Fascicule B.

Recettes de médecine suivies de deux feuillets de vocabulaire; deux colonnes; 3 feuillets.

Fascicule C.

Commencement du livre de plain-chant, sans les signes de musique, trois cahiers écrits sur deux colonnes; 25 feuillets, dont 5 blancs.

N° 190. — ትርጓሜ ፡ ሕዝቅኤል Tirguame Ḥizqi-el.
« Explication d'Ézéchiel ».

20 sur 17; deux colonnes; 31 feuillets.

1. Mots difficiles d'Ézéchiel expliqués en amariñña; 10 feuillets.
2. Prières falaša, sur papier arabe; 8 feuillets.
3. Notes sur les étoiles et le calendrier; 4 feuillets.
4. Sur Notre-Dame, suivi de 6 feuillets blancs; 8 feuillets.
5. Liste de ceux qui ont donné des inquiṭaṭaš; 1 feuillet.

Presque tout ce numéro consiste en feuillets détachés : l'inquiṭaṭaš est le cadeau de la Saint-Jean, c'est-à-dire l'étrenne du jour de l'an; il est donné par les inférieurs à leurs supérieurs.

N° 191. — ትርጓሜ ፡ ወንጌል Tirguame Wangel
« Explication des Évangiles ».

30 sur 24; broché sans étui; trois colonnes; écriture fine; 229 feuillets, dont 2 blancs.

1. Commentaire sur saint Matthieu; 136 feuillets.

2. Commentaire sur saint Luc; 46 feuillets.

3. Commentaire sur saint Jean; 45 feuillets.

Les deux divisions 2 et 3 sont d'un format plus petit que *1;* mais toutes offrent le palimpseste d'un manuscrit en écriture antique sur deux larges colonnes, dont l'une a été le plus souvent échancrée. Cette écriture est surtout visible du quatre-vingt-septième au cent trentième feuillet. Le nom de Marie y est en noir, et les chiffres sont en rouge, ainsi qu'on les voit aussi dans les plus vieux manuscrits de ma collection. A la page 117 le manuscrit primitif fait mention de Yoḥannis, ዪስ évêque d'Éthiopie; mais comme il y a eu en Éthiopie quatorze évêques de ce nom, on ne peut en arguer pour la date du manuscrit ancien. Le premier évêque Jean était le sixième après Salama (Frumentius), et a dû siéger vers le milieu du v⁰ siècle.

Ce commentaire sur les Évangiles est le même que le n° 24 ci-dessus.

N° 192. — ከታብ Kitab « Charmes ».

2,48 mètres sur 205 millimètres.

1. Ce charme a été écrit pour une femme nommée ወለተ ፡ አስ

ፈከለ « fille d'Israël ». A la fin il est pour une autre femme nommée Ḥiruta Giyorgis « bonté de Georges ». Comme à l'ordinaire, il est rempli de ተለስም talismans, d'oiseaux, d'yeux, de croix et d'autres figures. L'écriture est en gi'iz et le plus souvent en encre rouge. Il serait difficile de traduire, d'un bout à l'autre, un charme éthiopien. Celui-ci a, entre autres, pour but de délier de toute magie.

2. Charme long de un mètre vingt-sept centimètres, large de sept centimètres, écrit pour le nommé Niẓḥa Dingil « chasteté de la Vierge » contre les démons, diables, etc. et contre le typhus. La formule dit, entre autres, que ኤል (אל) est l'un des noms de Dieu.

L'écriture de ce charme est moderne, mais moins que celle de 1.

N° 193. — ፍከሬ ፡ ኢየሱስ Fikare IYASUS
« Explication faite par JÉSUS. »

31 sur 22; 37 feuillets sans étui, écrits sur deux colonnes, en belle écriture guilḫ.

1. Fikare IYASUS; 8 feuillets.

Parmi les prodiges que JÉSUS est censé avoir prédits pour la fin des temps on remarque les suivants : « Les hommes naîtront avec des cheveux blancs, sans forces physiques et avec des voix cassées; ils marcheront comme des statues sans âmes, et dans ces jours il sera créé des cadavres d'hommes, etc. Des justes seront aussi créés... ainsi que deux lunes, et la terre sera ébranlée par la force du feu, et ensuite l'été et l'hiver seront confondus... et les chiens parleront avant leur naissance; des chiens, dis-je? Non, mais des hommes... des cadavres seront des sages et des sages seront des cadavres...

les hommes mangeront l'herbe et la chair humaine... et un vent venu de l'Orient portera partout déluge et pluie... et les princes s'entretueront et bien peu de gens échapperont à la mort... et la terre restera une année sans habitants et livrée aux bêtes féroces... et ensuite je ferai venir de l'Orient un roi qui se nommera Tewodiros, qui rassemblera les survivants qui auront suivi ma volonté, et j'amènerai un ደኔስ évêque qui les bénira ainsi que leur pays... et les temples des idoles seront renversés... et je ferai tomber la pluie sans nuages, comme de l'huile... Et après quarante années (de paix et de justice), trois rois régneront chacun trente-sept ans... et puis viendra ሐሰዋ ፡ መሲሕ l'Antechrist... et la force des cieux et de la terre s'agitera, et le monde entier finira; le soleil, la lune et les étoiles tomberont sur la terre, et ma parole restera... et mille années seront comme un jour... Alors les impies tomberont dans le feu pour l'éternité; alors je ferai l'aumône à ceux qui ont enseigné mon nom et je jugerai (les méchants) par un jugement qui ne cessera pas pendant l'éternité... et je renouvellerai la terre et les cieux et je resterai éternellement avec mes anges et mes saints. » Puis vient un court dialogue entre l'âme et le corps, adressé, comme tout ce qui précède, par JÉSUS à ses disciples.

J'ai fait cette longue citation parce que cet ouvrage, rare d'ailleurs, et plus volumineux, dit-on, est célèbre en Éthiopie. On dit que Kasa, le roi actuel, n'a pris le nom de Tewodiros que pour accomplir cette prophétie populaire.

2. Ṭibaba Sabela « Sagesse de la Sibylle »; 8 feuillets.

3. Dirsana Rufa-el « Traité sur saint Raphaël »; 21 feuillets.

N° 194. — ጉባኤ ፡ መልክዕ Guba-e małk'į
« Recueil d'images ».

11 sur 12; reliure bonne, mais des plus communes, et sans étui; écriture demi-guiłḫ et sur une colonne par page; 123 feuillets, dont 1 blanc au commencement avec une figure de cavalier.

1. መልክዕ ፡ ኢዮብ Image de Job; 5 feuillets.

2. መልክዕ ፡ ዲዮስቆሮስ Image de Dioscore; 8 feuillets.

Il s'agit du patriarche d'Alexandrie de ce nom. Si la forme des « images » n'était pas si essentiellement éthiopienne, on croirait à une influence européenne dans ce livre, en y voyant ልዮን pour « lion ».

3. Małk'a Qirqos; 11 feuillets.

4. Małk'a Fiqiṭor; 14 feuillets.

5. Małk'a Isṭifanos, avec arabesques à la fin; 14 feuillets.

6. Małk'a Sįllase; 12 feuillets.

7. Małk'a Masqal; 15 feuillets.

8. Abįnnaṭ, ou charme; 2 feuillets.

9. Małk'a Nob; 13 feuillets.

10. Małk'a Marmihnam, saint du pays de Marqe; 11 feuillets.

11. Małk'a Galawdewos; 13 feuillets.

12. Małk'a Marqorewos; 4 feuillets.

N° 195. — ካቢያት Nabiyat « Prophètes ».

22 sur 20; bonne reliure commune avec croix grecque; bonne écriture raqiq et moderne, sur deux colonnes; 234 feuillets.

1. Feuillets blancs, en parchemin de mouton; 2 feuillets.

2. Zena nabiyat. Notice sur les prophètes; 4 feuillets.

3. Mamhir (sic) tas-ilya; professeur de mes questions.

    A. Tirguame Orit zaetlidat; explication de la Genèse; 8 f.

    B. Tirguame Orit zaza'at; explication de l'Exode; 3 feuillets.

Ici s'arrête cet ouvrage, qui est mélangé de mots amariñña.

4. Ra-iy zari-iya Isayyas. Vision (prophéties) d'Isaïe; 72 feuillets.

Des titres rouges indiquent les fêtes où on lit les diverses sections de ces prophéties.

5. Hose'i; Osée; 8 feuillets.

6. Amoz; Amos; 7 feuillets.

7. Mikyas; Michée; 5 feuillets.

8. Iyu-el; Joel; 4 feuillets.

9. Abdyu; Abdias; 1 feuillet.

10. Yonas; Jonas; 2 feuillets.

11. Nahom; Nahum; 2 feuillets.

12. Inbaqom (sic); Habacuc; 3 feuillets.

13. Sofonyas; Sophonie; 3 feuillets.

14. Hage; Aggée; 2 feuillets.

15. Zakaryas; Zacharie; 11 feuillets.

16. Milkiyas; Malachie; 4 feuillets.

17. Ermyas; Jérémie; 94 feuillets.

18. Nagar za Barok; Baruch; 9 feuillets.

La plupart des pages portent en titre le nom du prophète, dans une écriture moins belle que celle du texte. Au soixante et douzième feuillet de Jérémie, une note en gi'iz signale trois colonnes et un tiers formant un passage qui manque dans la Vulgate, et qui est intercalé entre les troisième et quatrième versets du chapitre XLVII; cette note paraît être du feu R. P. Juste d'Urbin, missionnaire franciscain, qui m'a légué les n°ˢ 194-217 de ma collection.

Voici la traduction de ce passage interpolé :

Vision montrée au prophète Jérémie par le Seigneur, qui lui parle sur Nabuchodonosor. Ce roi de Babylone viendra au pays d'Égypte et le détruira, et mettra la contrée à mort. Et il dit : «Faites voir et annoncez en Égypte et faites entendre au dedans de Ma'idol, et faites entendre dans Manes, et dites et levez-vous et préparez-vous, car voilà que la guerre les a environnés, pareille au feu, et a dévoré leur chair. Vous qui restez, vous êtes dans les ténèbres ጥቃከሙ·[1], parce que ta vache grasse te manque, ô Égypte, et qu'il n'y a pas de quoi refuser à ton ennemi. Et ils sont tombés et ils ne se relèvent pas, parce que le Seigneur les a fatigués et qu'il a renversé ደፍዖሙ·[2]

---

[1] Je hasarde cette traduction d'après le mot ጥቃ, usité encore dans la langue tigray, comme synonyme du mot gi-iz «qobar», qui désigne un obscurcissement de l'air, généralement par un ciel serein. ለእለ ፡ ሀለዉ ፡ ጥቃከሙ· est d'ailleurs obscur, et difficile à rendre d'une autre manière, à moins de supposer quelque omission dans le texte, où la ponctuation manque d'ailleurs.

[2] Je traduis ce mot d'après le verbe amariñña ደፋ.

leurs multitudes. Et chaque homme est tombé sur son compagnon, et ils disent : « Levez-vous, allons rentrer dans notre pays et dans la terre où nous sommes nés, pour y séjourner à l'abri des périls de la guerre et du couteau de l'égorgeur païen, et là donnez à Pharaon Nakiyihankas, roi d'Égypte, le nom de Si-a esme emo-el. Je suis vivant, dit le Seigneur Dieu, parce qu'il tombera comme ce qui est rompu de la montagne, et qui tombe dans la mer, comme des monts Egbiryon, comme du Carmel. Il arrivera des biens de l'étranger, parce que Memphis sera détruite par le manque d'habitants. Malheur à ceux qui y resteront! et construis-toi une demeure, ô fille d'Égypte! Ô Égypte, génisse belle et ornée qu'on a prise et amenée, je te prêche comme aux vaches grasses qui labourent ton sein. Voilà qu'un ennemi viendra du nord ደቡብ [1], parce que ceux-là se sont enfuis et dispersés ensemble, et ils n'ont pas résisté, parce que le jour de leur fuite et de leur mort est arrivé ድንቀት [2] et dans le temps de leur fureur... ils se flétriront comme le serpent qui se dessèche par le bruit des hommes, parce que les hommes traverseront les sables par la force, et parviendront en Égypte. Et ils viendront avec leurs haches, et ils tailleront ይመትሩ ፡ ሜትሩ et ils fendront le bois et extirperont l'arbre, après avoir brisé les maisons de leurs chefs. Le Seigneur Dieu dit qu'on ne pourra les compter; qu'ils seront plus nombreux que les sauterelles, qui sont innombrables et qui fuient sans cesse. Et la fille d'Égypte a été couverte de honte, et elle est tombée entre les mains du peuple, et elle a élevé la voix envers le peuple du nord. Le Seigneur fort, le Dieu d'Israël dit : « Je punirai le peuple de Amon, fils de Pharaon, et ceux qui se fient à lui. »

[1] Ce mot est employé dans ce sens quelques chapitres plus haut.
[2] Ce mot m'est inconnu : Serait-ce « subitement » comme ድንገት en amariñña?

N° 196. — ተአምረ ፡ ማርያም Tạ-ammịrạ MARYAM
« Miracles de MARIE ».

26 sur 21; demi-reliure soignée, la partie nue de la planche étant recouverte de hịndịke, étoffe grossière de coton rouge; deux colonnes d'écriture guilḥ en encre verte; 154 feuillets.

1. Mention que ce livre a été écrit par les ordres de Wạlạtạ Giyorgis, pour être donné à son confesseur Wạldạ tịnsa-e; sentence d'excommunication contre ceux qui déroberaient le volume, et enfin, de la part du révérend père Juste d'Urbin, une note dit qu'il a acheté le livre le 21 mạgabit 1844, à Ṭạwguịr (Bạgemdịr), en présence des clercs de ce lieu. Ensuite viennent quatre prières à la sainte Vierge, en encre noire, et d'une mauvaise écriture tachée par l'eau vers la fin; 4 feuillets.

2. Miracle de MARIE en Égypte, quand elle y fuyait Hérode, le roi maudit (en encre noire); 1 feuillet.

3. Miracles de MARIE. — Ici commence la belle écriture verte, les mots : MARIE AU DOUX NOM étant transcrits en encre rouge. Il y a le récit de quatre-vingt-neuf miracles en tout. L'encre verte cesse à la transcription du soixante et dix-neuvième miracle. Les cinq derniers feuillets portent le titre d'un quatre-vingt-dixième miracle, et sont en encre noire et en petite écriture, ainsi que cinquante et un autres miracles interpolés au commencement et à la fin de chaque miracle ou chapitre. Il semble y avoir une lacune au commencement du soixante et quinzième feuillet, qui précède le cinquante-quatrième miracle; 143 feuillets.

4. Miracle de MARIE, mal écrit; 5 feuillets.

Au verso du dernier feuillet le Père Juste d'Urbin a écrit la liste de ses livres. Voici ceux que je n'ai pas vus, sous ces titres du moins : Mazhafa timhirta Kristos, en amariñña; Awda nagast; Mazhafa tawaqiso.

Un feuillet blanc porte au verso la liste des livres de Ewostatewos (église ou homme?). Ceux qui manquent au présent catalogue sont les suivants : Sayfa Sillase; Qal timirt.

5. Sim'on za'amd, ou extrait de saint Simon le Stylite ; 1 feuillet.

N° 197. — ነገሥት Nagast « Livres des Rois ».

26 sur 23; mahdar commun; reliure sans fers; feuillets de parchemin collés en dedans des planches; texte écrit sur trois colonnes. Daniel est dans un format plus petit; 157 feuillets, dont 2 blancs.

1. Zanagast; les quatre livres des Rois. Premier livre; 26 feuillets.

2. Deuxième livre; 19 feuillets.

3. Troisième livre; 22 feuillets.

4. Quatrième livre; 20 feuillets.

5. Henok; livre d'Hénoch; 36 feuillets.

6. Iyob; livre de Job; 17 feuillets.

7. Dani-el; Daniel; 15 feuillets.

N° 198. — ወዳሴ ፡ አምላክ Widdase Amlak
« Louanges de Dieu ».

27 sur 23; reliure à fers et croix, un peu fatiguée; écrit sur deux colonnes et d'une belle main, les lettres étant bien plus séparées entre elles qu'il n'est ordinaire en Éthiopie; 219 feuillets, dont 2 blancs.

1. Widdase amlak « Louanges de Dieu » (voyez n°ˢ 5 et 10); 115 feuillets.

2. Arganon « orgue »; prières à la sainte Vierge, déjà mentionnées aux n°ˢ 4, 83, etc. 102 feuillets.

Une note au verso du dernier feuillet dit que le propriétaire de ce volume l'a reçu du roi Iyasu, ce qui fixe approximativement la date de la transcription. Ensuite vient la mention d'une vente faite pour trois toges, avec les noms de tous les témoins, etc. Enfin dix lignes d'une écriture fine, avec des notes de musique, terminent ce volume.

N° 199. — ኪዳናት Kidanat « Conventions ».

23 sur 19; demi-reliure de cuir complétée avec du hindike; écriture médiocre sur deux colonnes; parchemin commun, souvent troué et recousu; 57 feuillets.

Cet ouvrage paraît être le même que le deuxième du n° 51 de ce catalogue; mais les divisions sont différentes et sont rangées ainsi qu'il suit :

1. Kidan, c'est-à-dire Testament ou pacte de Notre-Seigneur JÉSUS-CHRIST, fait après sa résurrection, etc.

2. Sur l'Esprit saint.

3. Événements de la fin des temps.
4. Miséricorde en ces jours-là.
5. Des élus.
6. Ce qui arrivera aux pays.
7. De l'Antechrist.
8. Discours du Seigneur à ses apôtres.
8 (sic). Réponse de Notre-Seigneur à Marie et à Marthe.
9. Des dons faits aux persévérants.
10. Construction des églises.
12 (sic). Nomination des évêques.
13. Prière à la nomination d'un évêque.
14. Réponse du peuple.
15. Devoirs de l'évêque.
16. Qu'il doit enseigner dans l'église.
17. Ce qu'il enseignera.
18. Règles pour la communion.
19. En faisant les actions de grâces, l'évêque dira à haute voix, « Le Seigneur soit avec vous », et le peuple répondra : « Avec ton esprit ».
20...23. (Formules de notre préface de la messe.)
24. Ordre à suivre en communiant.
25. Prière de chaque fidèle à son retour : « Saint, saint, saint, Trinité indicible, fais-moi recevoir pour la vie ce corps et ce sang, » etc.
26. Prière après la communion.
27. Prière ensuite.
28. Prière pour l'onction des malades.
29. Louanges et assemblée.
29 (sic). Hymne du matin.
30. Ordination des prêtres.
31. Prière pour cette ordination.
32. Devoirs du prêtre.
33. Même sujet.
34. Même sujet.
35. Sur ceux qui améliorent ou qui perdent leur science.
36. Visites du prêtre aux malades.
37. Sa prière.
38. Ordination des diacres.
39. Sur les diacres.
40. Nombre de prêtres et de diacres.
41. De la congrégation.
42. Conduite de l'évêque, etc.
43. Rites à suivre.
44. Même sujet.
45. Sur les retardataires.
46. Paroles du diacre.
47. Ordination des diacres.
48. Sur les veuves.
49. Prière pour elles.
50. Même sujet.
51. Prière du matin.
52. Des sous-diacres.
53. Des lecteurs.
54. Des vierges.

55. Leur traitement (አገስት : *quid?*)
56. Sur le peuple.
57. Hommes libres et esclaves.
58. Réception du saint baptême.
59. Salutation des fidèles.
60. Les femmes auront la tête couverte.
61. Imposition des mains sur les petits chrétiens.
62. Accueil des jeunes chrétiens.
63. Aspersions sur eux.
64. Manière de baptiser.
65. Onction après le baptême.
66. Formes de l'oblation.
67. Sur la Pentecôte.
68. Des gens appelés avec l'évêque.
69. Offrandes à l'évêque.
70. De l'ordre ጸታ des mariages.

On y recommande de recevoir le ጥዑመ suave corps du CHRIST.
71. Prières pour les malades.
72. Des morts indigents.
73. Prières du peuple.
74. Actions de grâces aux fidèles.

Tout ce qui précède est recommandé à Jean, André et Pierre (par Notre-Seigneur).

75. Discours de JÉSUS à ses douze aides.

Plus loin il leur parle des méchants Simon et Qilonotos, auxquels on joint, plus bas, Qerintos, etc. Les dix-huit derniers feuillets sont sans divisions dans le texte, et contiennent plusieurs récits de ce qui arriva jusqu'à l'Ascension de Notre-Seigneur Jésus-Christ.

Une note du Père Juste d'Urbin dit qu'il acheta ce volume à Taḍbabạ MARYAM, en 1842 (1850 de notre ère), année de saint Marc, ou deuxième après la bissextile.

N° 200. — ፍትሐ፡ነገሥት Fitḥa nạgạṣt
« Jugement des rois »

20 sur 14; reliure commune, sans croix; maḫdar commun. Ce volume, écrit sur papier arabe pour servir aux études du révérend Père Juste d'Urbin, n'a qu'une colonne par page; l'écriture est serrée et médiocre; les interlignes et les marges contiennent des notes nombreuses, la plupart en amariñña. La partie spirituelle ou première est paginée par les lettres de l'alphabet gïïz depuis ሀ

jusqu'à ፓ፡, ce qui fait en tout cent quatre-vingt-dix pages, précédées de la table générale, et, en premier lieu, de quatre feuillets blancs.

La seconde partie de l'ouvrage, précédée et suivie de deux feuillets blancs, comprend deux cent cinquante-cinq pages, chacune numérotée en guise de titre et en chiffres giïz, sans le ፳ intercalé, absolument comme aux numéros des chapitres du manuscrit 199.

Le Père Juste d'Urbin ayant fait une étude sérieuse du Fiṭḥa nagaṣt, on peut croire à son assertion, que cet exemplaire est très-correct. Il contient cinquante et une portes ou chapitres, comme le manuscrit 180, ci-dessus décrit.

N° 201. — ሥርዐት ፡ ምንኵስና Sirʿata minkuisinna
« Règles de la vie monastique ».

15 sur 14; bonnes planches sans cuir; bonne écriture sur deux colonnes.

1. Notes en amariñña, grattées et à peu près illisibles; 2 feuillets.

2. « Règle de la vie monastique, donnée à notre père Antoine par le Seigneur et sur sa demande. Celui qui veut prendre l'habit fera un noviciat d'une ou de trois années », etc. Cette partie traite de l'entrée des religieux dans la vie monastique; 11 feuillets.

3. Profession des religieuses; prières à cette occasion; 8 feuillets.

4. Suite des cérémonies pour la profession des religieux; 7 f.

5. Extrait des Évangiles et Épîtres, et autres prières qu'on dit après la bénédiction du ቆብዕ, ou bonnet des cénobites; 35 feuillets.

6. Prescriptions adressées aux religieux; 15 feuillets.

7. En blanc, 2 feuillets; en tout 80 feuillets.

Les marges du commencement et de la fin de ce volume contenaient des notes qu'on a effacées par le grattage.

N° 202. — ሰሎሞን Salomon « Livres de Salomon ».

16 sur 15; broché en planches; écriture raqiq sur deux colonnes, plus grosse au milieu du volume et plus fine dans le dernier cahier, qui est détaché et a été ajouté après la reliure; le bas de plusieurs feuillets est taché par les punaises, accident fréquent en Éthiopie; 93 feuillets.

1. En blanc, premier et quatrième feuillet; 2 feuillets.

2. Prières à la sainte Vierge; 1 feuillet.

3. Qine ou vers en gi'iz, et abinnat, ou formule magique; 1 feuillet.

4. Misalyata Salomon « Proverbes »; 30 feuillets.

Il y a neuf divisions indiquées. A la suite du chapitre XXIV vient le chapitre XXX, puis le trente et unième, jusqu'au verset 9 inclusivement.

5. Tagsaza Salomon « Exhortation de Salomon »; 6 feuillets.

Ce sont nos chapitres XXV, XXVI, XXVII, XXVIII, XXIX et XXX des Proverbes, ce dernier jusqu'au verset 10.

6. Qala Makbib « Ecclésiaste »; 13 feuillets.

7. Tibaba Salomon « Livre de la Sagesse »; 29 feuillets.

8. Salama Gabri-el « Ave », puis Zalota haymanot « Credo »; 2 f.

9. (Cahier détaché) Mahalya mahaly « Cantique des cantiques », cinq chapitres; 9 feuillets.

Dans les sections 4 à 8 de ce volume, le révérend Père Juste a noté, en français et en marge, nos divisions par chapitres.

Ce volume est attaché avec un faisceau de mag, ou fils de trame employés en Éthiopie pour faire la toile de coton.

N° 203. — ኦሪት ፡ ዘልደት Orit za lidat « Genèse ».

17 sur 13; reliure commune, avec croix grecque composée de cercles, et non terminée par l'ornement ordinaire qu'on nomme qarna bag, ou corne de bélier. Quatre gravures enluminées sont intercalées dans les textes des pages 1, 4, 7 et 9. Ce manuscrit est sur papier arabe, en deux colonnes, d'une écriture commune et à lignes serrées. Le premier feuillet contient trois phrases françaises, écrites par le révérend Père Juste; le texte de la Genèse remplit les autres soixante-deux feuillets, et s'achève au soixante-troisième, qui contient une note gïïz du Père Juste, sur l'origine de ce volume.

N° 204. — ኦሪት ፡ ዘፀአት ፡ ወዘሌዋውያን
Orit zaza-at wazalewawyan « Exode et Lévitique ».

21 sur 15; couverture en cuir, sans planches; écrit sur papier arabe à une seule colonne par page, en écriture raqiq; 80 feuillets.

1. Orit zaza-at « Exode »; 42 feuillets.

Les chapitres xxxviii et surtout xxxix sont imparfaits.

2. Orit zalewawyan « Lévitique »; 34 feuillets.

3. En blanc, 4 feuillets.

Les chapitres des nᵒˢ 203 et 204 sont divisés comme dans la Vulgate.

N° 205. — ጦቢት Ṭobit « Tobie ».

15 sur 13; broché sans planches ni étui; écriture sur deux colonnes, fine, mauvaise, souvent illisible, et de mains différentes; volume taché par l'eau et par la fumée; 41 feuillets.

1. Ṭobit « Tobie »; 12 feuillets.

2. Danị-el « Daniel »; 29 feuillets.

Le livre de ce prophète commence par notre chapitre xiii.

N° 206. — ሰቆቃወ ፡ ነፍስ Sạqoqawạ nạfs
« Lamentations de l'âme ».

13 sur 13 et demi; brochure d'une bonne écriture, sur deux colonnes; sans planches ni couverture; 95 feuillets.

1. Sạqoqawạ nạfs, imparfait à la fin; 2 feuillets.

2. Qịne, ou hymnes rimés, sur une colonne par page, en un cahier inséré entre les deux feuillets du n° 1, et large seulement de huit centimètres; 8 feuillets.

3. Dịrsanạ Rufa-el « Traité de saint Jean Chrysostome sur saint Raphaël »; 34 feuillets.

Un ạbịnnạt, ou formule cabalistique contre la folie, est écrit sur les marges supérieures des feuillets 9 à 16. Les feuillets 22 à 30 ont, de même, un autre ạbịnnạt, attribué à Notre-Seigneur lui-même, et offrant des mots incompréhensibles.

4. Reprise du n° 1 ci-dessus, imparfaite aussi à la fin; 2 feuillets.

5. Dịrsanạ Mika-el « Traité sur saint Michel », par le Père Mathieu, patriarche d'Alexandrie. Les trois premiers de ces feuillets ont aussi un ạbịnnạt en marge; 10 feuillets.

6. Tạ-ammịrạ Mika-el « Miracles de saint-Michel »; 35 feuillets.

7. Discours de Salomon au mauvais Esprit; 4 feuillets.

Le verso du dernier feuillet forme couverture et représente saint Michel et saint Gabriel aux deux côtés d'une croix à dix-huit branches.

Près de là est un personnage tenant un mouchoir. Le tout est faiblement colorié.

N° 207. — መጽሐፈ ፡ ባሕርይ Maẓḥafa baḥry

« Livre de substance ».

9 sur 8; broché en planches; bonne écriture sur deux colonnes; 50 feuillets.

1. Maẓḥafa baḥry; 32 feuillets.

Les deux dernières pages sont d'une écriture différente et mauvaise, et l'ouvrage paraît imparfait à la fin. Ce livre est, comme au n° 69, un recueil des prières employées pour l'extrême-onction, et me paraît différer d'un autre ouvrage du même nom, mais qui est très-gros, dit-on.

2. Salam laki MARYAM « Salutations à la sainte Vierge »; 5 f.

3. Prière contre la peste, tronquée après la sixième page; 3 f.

4. Collection de abinnat, ou charmes, et de talismans, sur une colonne par page; 6 feuillets.

5. Feuillets blancs, dont deux à la fin; 4 feuillets.

Dans le dernier cahier s'en trouve un autre fort petit, et de trente-deux millimètres sur trente et un. Il contient, en quatorze pages, des noms magiques donnés par Dieu à Moïse, puis des recettes mêlées de mots amariñña.

N° 208. — መልክዐ ፡ ሩፋኤል Malk‘a Rufa-el
« Image de saint Raphaël ».

9 sur 7; broché en planches; une colonne par page; 33 feuillets.

1. Malk‘a Rufa-el « Image de saint Raphaël »; 14 feuillets.

2. Malk‘a Yohannis « Image de saint Jean »; 13 feuillets.

3. Feuillets blancs, dont deux à la fin; 6 feuillets.

N° 209. — መልክዐ ፡ ጊዮርጊስ Malk‘a Giyorgis
« Image de saint Georges ».

8 sur 8; broché en planches; deux colonnes par page; 98 feuillets.

1. Malk‘a Giyorgis « Image de saint Georges »; 16 feuillets.

2. Malk‘a Mika-el « Image de saint Michel »; 16 feuillets.

3. Malk‘a Takla haymanot « Image de saint Takla haymanot »; 23 feuillets.

4. Images de saint Michel, de saint Gabriel et de saint Georges; 4 feuillets.

5. Malk‘a Gabri-el « Image de saint Gabriel »; sur une colonne par page; 11 feuillets.

6. Malk‘a Petros waPawlos « Images de saint Pierre et de saint Paul »; deux colonnes par page; 16 feuillets.

7. Prières; une colonne par page; 12 feuillets.

Quelques feuillets de ce volume ont été légèrement atteints par le feu : d'autres sont tachés par l'eau; les n⁰ˢ 6 et 7 sont d'un format plus petit que le reste.

N° 210. — አኮኑ ፡ ብእሲ Ạkkonu bị-ịsi
« N'est-ce pas qu'un homme... ».

10 sur 6; broché sans planches; une colonne par page; 25 feuillets.

1. Ạkkonu bị-ịsi « Prière à MARIE », comme au n° 4 de ce catalogue; 13 feuillets.

2. Mạlk'ạ Gạbrị-el « Image de saint Gabriel »; 12 feuillets.

N° 211. — እግዚአብሐር ፡ ዘነግሠ Ịgzi-ạbḫer zạnạgsạ
« Le Seigneur qui règne ».

20 sur 13; six cahiers de papier, à une colonne par page; écriture moderne; 232 feuillets.

1. Ẓạhạfnạ bạzạnịzekr Ịgzi-ạbḫer zạnạgsạ « Nous avons écrit pour commémorer le Seigneur qui a régné »; 98 feuillets.

Cette section commence au 12 du mois de ḫidar, et finit au 11 du même mois, après avoir parcouru tous les jours de l'année.

2. Mạḫletạ Ịgzi-ạbḫer nạgsạ « Cantique de Ịgzi-ạbḫer nạgsạ », adressé à MARIE; 14 feuillets.

3. La suite est divisée en mois et jours, commençant par tahsas; 113 feuillets. Le verso du feuillet 91 est en blanc, mais sans lacunes.

4. Tạ-ammịrạ mạḫletạ Ịgzi-ạbḫer nạgsạ « Miracles dus au Ịgzer nạgs », dix miracles; 7 feuillets.

Le chiffre 137,280 à la fin indique probablement le nombre de lettres contenues dans cet ouvrage.

Les fêtes des saints ne confirment pas toujours ici celles du calendrier de Ludolf. Le catalogue abrégé que le révérend Père d'Urbin m'envoya avec ses livres donne au n° 1 de ce volume le titre de Yạ'ạmạt'arke, ouvrage que j'ai souvent entendu citer sans avoir pu l'examiner.

N° 212. — የፊደል ፡ ትርጓሜ Yạfidạl tịrguame « Explication de l'alphabet ».

11 sur 8; reliure commune, sans croix; 120 feuillets de papier copiés par le Père Juste d'Urbin.

1. Tịrguame fidạlat « Explication des lettres »; 68 feuillets.

Cet ouvrage est un exposé naïf de la doctrine chrétienne, à propos des lettres de l'alphabet. L'explication est en amariñña. Par exemple : « ቄ veut dire ቁርባን ፡ ወልድ communion du Fils. Si l'on dit : Qu'est-ce que la communion du Fils? C'est que, en revêtant la chair et en recevant la mort, il nous a donné la gloire et la liberté, c'est-à-dire nous faisant manger sa chair et boire son sang. Et quand il dit, Celui qui, étant sans tache, mange ma chair et boit mon sang sera avec moi, il veut dire que cet homme sera roi avec lui dans le ciel. C'est ainsi que dit l'Évangile; mais l'impie et le menteur, s'ils mangent et boivent ainsi, descendront dans l'enfer du feu... ፐ veut dire ፐፐኤል, nom secret de Dieu. » etc.

A la fin est cette note en gi'iz : « Moi, Père Juste, de la religion romaine, j'ai écrit ce livre d'après un prototype እም ፡ አብ ፡ መጽሐፍ du Dạbtạra Wạldạ Yoḥạnnịs de Betlịhem. Et ne crois pas, ô mon cher qui liras ce livre, que ses préceptes sont de moi. Cela n'est point ainsi; mais j'ai écrit le bon et le mauvais comme je les ai trouvés. Et ce livre ressemble à un filet mis dans la mer et qui a recueilli du poisson de toute espèce. Et lorsque ce filet est déposé sur la rive, mets le bon dans le vase et laisse le mauvais dehors. J'ai écrit ce livre dans le mois de miyazya 1843 (avril 1851), quand j'étais à Dabra Tabor. »

2. Tirguame Zalota haymanot « Explication du Credo »; 40 f.

3. Proverbes, en amariñña; 2 feuillets.

4. En blanc, dont 1 au commencement du volume; 10 feuillets.

N° 213. — መጽሐፈ ፡ ቀንዲል Mazhafa Qandil
« Livre de la lampe ».

18 sur 11; quatre cahiers de papier écrits de la main du révérend Père Juste d'Urbin, sur une colonne par page; 80 feuillets.

1. Mazhafa timqat « Livre de baptême »; 19 feuillets.

2. Sir'ata meron « Cérémonie de la confirmation »; 4 feuillets.

3. Mazhafa taklil « Livre de la couronne »; 17 feuillets.

Ceci est le service de la bénédiction des époux.

4. Mazhafa qandil « Livre de la lampe »; 35 feuillets.

Ceci est le service de l'extrême-onction.

5. En blanc; 5 feuillets.

N° 214. — ማኅሰሰ ፡ ባስልዮስ Maḥsaṣa Basilyos
« Controverse de Basile ».

8 sur 11; huit cahiers écrits sur papier, en une colonne par page; 160 feuillets.

1. Malk'a Yosṭos « Image de saint Juste »; 5 feuillets.

2. Dirsana MARYAM « Traité sur MARIE, par le bienheureux Jean, fils de Zébédée »; 26 feuillets.

3. Ṭomara Aṭinatewos « Lettre d'Athanase, tombée du ciel dans sa main, un dimanche »; 6 feuillets.

4. Lifafa zidiq « Écrit de piété, tracé avec de l'encre d'or et donné à Notre-Dame MARIE » (voyez page 60); 6 feuillets.

5. Maḥsaṣa Basilyos « Débat de Basile, frère de Grégoire »; 37 f. Controverses sur divers sujets religieux.

6. Maẓhafa mal-ikt za-ab Garyos « Livre de la lettre que Ab Garyos, roi habile qui régna dans Adesya Maṣpeṭomya (Édesse, en Mésopotamie?) envoya à Notre-Seigneur JÉSUS, par son serviteur Hananya »; 5 feuillets.

7. Seconde série ዳግት du même livre; 8 feuillets.

8. Ce qu'il faut faire au magicien; 8 feuillets.

Le Père Juste d'Urbin, dans une de ses lettres, appelle ce dernier traité Malk'a lissan, ou image de la langue.

9. Sane golgota « Prière de Notre-Dame »; 10 feuillets.

10. Recueil de Qine, ou hymnes d'église; 48 feuillets.

Les différentes sortes d'hymnes sont mêlées dans ce recueil, dont la fin fut enlevée au savant missionnaire, lors de son départ de Gondar.

N° 215. — ሐተታ ፡ ዘርአ ፡ ያዕቆብ Ḥaṭaṭa Zarʾa Yaʿiqob « Examen par Zarʾa Yaʿiqob ».

19 sur 11; bonne reliure, mais avec de mauvais fers et une croix de saint André; 78 feuillets.

1. Ḥaṭaṭa Zarʾa Yaʿiqob; 30 feuillets.

Ce professeur, natif de Aksum, expose ici ses doutes sur toutes les religions, et avoue qu'il en reste au pur déisme. En Éthiopie, l'autobiographie d'un homme instruit est déjà une grande rareté; celle-ci est plus remarquable encore par sa grande naïveté, par les détails de mœurs qu'elle contient et par des notions d'histoire contemporaine qu'on cherche en vain ailleurs. L'auteur parle de l'expulsion des Portugais, et flétrit Fasiladas plus sévèrement que ne l'ont jamais fait les jésuites victimes de ce roi. Cet ouvrage, d'un style attachant, est écrit en giʿiz, et l'on y trouve le mot ጤፍ au lieu de ጤፍ amariñña, sorte de poa qui, selon la tradition, ne serait devenue une céréale usuelle que depuis le commencement du xvie siècle.

2. Ḥaṭaṭa Walda ḥiywat « Examen par Walda ḥiywat »; 44 feuillets.

Le titre complet est : « Livre de la sagesse, de l'examen, de la philosophie et des arguments rassemblés par un grand docteur de notre pays, nommé Walda ḥiywat. »

Ce livre contient des conseils dictés par le bon sens contre les défauts les plus communs en Éthiopie. Ainsi l'auteur blâme ceux qui cherchent leur salut dans une vie isolée, parce que Dieu veut que les hommes s'entr'aident : le travail des mains est honorable, parce qu'on ne pourrait pas vivre sans lui, etc. Les avis de W. ḥiywat sentent le terroir, quand il dit qu'un lit doit être élevé de deux coudées de terre sur le daga et de trois ou quatre, ou plus encore, dans les qualla; qu'une maison doit être grande et éclairée, etc. Quelques opinions de ce livre sont vivement réprouvées par les professeurs de Gondar, et avec raison, parce que l'auteur, en voulant signaler des inconvénients d'une vie trop contemplative, se jette évidemment dans un excès opposé. L'auteur est plus cité sous le nom de « mannañ Gabra ḥiyot ».

3. En blanc; 4 feuillets.

N° 216. — Abrégé de grammaire éthiopienne, écrit en Éthiopie, par J. C. d'Urbin, en 1850-1854.

Sept cahiers de papier format in-4°, et comprenant quarante pages chacun. Les cahiers 6 et 7 sont consacrés à l'art épistolaire et à la versification. Un huitième cahier, de plus petit format, contient, avec leur traduction, plusieurs pièces de vers de la forme appelée mawadis.

Je n'entre dans aucun détail sur ce manuscrit, parce qu'il mérite d'être imprimé, même après la savante grammaire éthiopienne de M. Dillmann. Celle du révérend Père Juste d'Urbin a l'avantage d'être écrite en français, d'être plus abordable aux commençants, et de contenir plusieurs règles enseignées par les professeurs indigènes. C'est à ma prière et dans ces vues que le savant franciscain a composé cet ouvrage.

N° 217. — Dictionnaire éthiopien-français-amariñña, compilé en Éthiopie, par J. C. d'Urbin, en 1850-1855.

Trois cahiers de papier du format in-4°, contenant la préface de cet ouvrage remarquable et le commencement du dictionnaire qui s'arrête au mot ረከበ, inventeur.

L'autre copie de ce dictionnaire est, m'assure-t-on, en voie de publication à Rome.

N° 218. — ቅኔ Qine « Poésies ».

Quatre-vingt-six pièces de vers gi'iz transcrites pour moi dans le volume VIII de mes manuscrits de voyage, d'après un recueil fait par un amateur du Gojjam.

N° 219. — መጽሐፈ ፡ ግንዘት Maẓḥafạ ginzạt « Offices des morts ».

32 sur 26; reliure française en maroquin du Levant; double étui en toile noire, écriture guilḥ contemporaine, en deux colonnes par page; 142 feuillets.

Le parchemin de ce volume est rude et mal préparé, comme dans tous les volumes contemporains. L'écriture est moins grosse à la fin du livre. Çà et là dans le commencement du volume, il y a comme des interpolations en écriture rạqiq, mais de la même main et bien peinte.

1. En blanc, dont deux à la fin; 4 feuillets.

2. Mạqdạmạ ginzạt « Prélude de l'ensevelissement »; 2 feuillets.

3. Prières après les premiers pleurs; 5 feuillets.

4. Sur la mort, par saint Athanase, suivi d'une prière; 14 feuillets.

5. Mạẓḥafạ libs « Livre du linceul »; 2 feuillets.

6. Mạẓḥafạ ginzạt... « Office pour les prêtres et les diacres qui ont dormi (sont morts) »; 27 feuillets.

7. Ginzạtạ diyaqonat « Ensevelissement des diacres », 4 feuillets; des moines, 10 feuillets; des femmes et religieuses, 8 feuillets; en tout 22 feuillets.

8. Dirsan... Office par Jacques de Sirug, sur les prêtres et diacres morts; 14 feuillets.

9. Dirsan... Office, par notre père Samuel; 4 feuillets.

10. Dirsan... Office, par Abba Salama; 4 feuillets.

11. Dirsan... Office pour l'enterrement; 2 feuillets.

12. Lifafa zidiq « Écrit de piété »; 5 feuillets.

13. ... Prières pour les troisième, septième, douzième et trentième jours, suivies de celles qu'on lit au quarantième et au quatre-vingt-huitième jour, ainsi qu'au bout de l'an, en commémoration du mort; 19 feuillets.

14. Zalota 'itan « Prière de l'encens », etc. 18 feuillets (voyez les n°ˢ 50 et 72).

N° 220. — ፍትሕ ፡ ነገሥት Fitha nagast
« Jugement des rois ».

31 sur 25; volume, mahdar et difat reliés dans le dernier goût, avec des croix latines partout; écrit sur trois colonnes, par le même écrivain qui copia mon n° 180 ci-dessus. Le volume actuel fut revu et corrigé avec le plus grand soin par son possesseur mambir Tawalda madhin, qui, après m'avoir accompagné jusqu'à Jéraleusm, me céda son cher livre lorsqu'il fit ses vœux de religion, peu avant de mourir, en un couvent d'Égypte; 130 feuillets.

1. En blanc; 4 feuillets.

2. Préface et table des matières; 4 feuillets.

3. Fith manfasawi « Jugements spirituels », vingt-deux chapitres; 49 feuillets.

4. Fith sigawi « Jugements corporels », vingt-neuf chapitres; 68 feuillets.

5. En blanc; 5 feuillets.

Je n'ai pas cru devoir présenter ici la table des matières du Fitḥa nagaṣt parce qu'elle a été exposée en détail par M. Dillmann dans son savant Catalogue des manuscrits éthiopiens de la bibliothèque Bodléienne. Le Fitḥa nagaṣt d'Oxford, étant ancien, servira à constater ces changements que j'ai signalés à la page 185 ci-dessus; car mes trois exemplaires sont tous modernes.

N° 221. — ታሪክ ፡ ነገሥት Tarika nagaṣt
« Histoire des rois ».

23 sur 20; reliure française de maroquin; couverture en carton mince, et étui de parchemin vert; écrit sur deux colonnes en caractères demi-raqiq; 34 feuillets, dont 2 au commencement et 2 à la fin sont en blanc et en parchemin français. Une note gi'iz en tête du volume mentionne le don que m'en fit le savant Liq Aṭqu ou Aẓqu.

1. Histoire abrégée des rois d'Éthiopie finissant à la querelle entre le clergé séculier et le clergé régulier, sous le règne de Bakafa; 52 *pages,* car ce volume est paginé et annoté au crayon par M. Ed. Rüppell.

2. Quatre feuillets d'un format plus petit contiennent des notices des rois suivants, jusqu'à l'exil de Fanu-el chez les ፕaመa tribus ʿAfar.

Ce volume est le prototype du n° 44 ci-dessus.

N° 222. — ተአምረ ፡ ማርያም Ṭa-ammira MARYAM
« Miracles de MARIE ».

38 sur 31; reliure belle, mais fatiguée, et à deux croix latines sur chaque planche; sans étui; écriture guilḫ sur deux colonnes.

1. Cinq grandes figures enluminées; 4 feuillets.

2. Miracles de MARIE, avec figures aux 9ᵉ, 161ᵉ, 162ᵉ et 163ᵉ feuillets. Il s'y trouve cent quatre miracles, le tout venu du siége de saint Marc à Malqa, en Égypte; 165 feuillets.

N° 223. — ሐሳብ ፡ ሕግ Ḥasaba ḥig « Calendrier ».

24 sur 22; une planche; trois colonnes par page; 10 feuillets, dont 4 blancs.

Cet ouvrage, qui se donne le titre de ሐሳብ ፡ ሕጉ ፡ ለእግዚአብሔር, c'est-à-dire : « Calcul de la loi du Seigneur », est aussi appelé, en marge et d'une manière plus convenable, ዐውደ ፡ ቀመር, ou « Tour du cycle ». C'est une sorte de calendrier perpétuel. Sept lignes, dont les deux premières en encre rouge, sont consacrées à chaque année, et donnent le jour de la semaine du premier jour du mois maskarram, le nom de l'évangéliste qui préside à l'année, l'épacte, la date du premier jour de carême, celle du jour de Pâques, et celle de la Pentecôte. Les chiffres des années sont marqués en marge, et sans le ም intercalé, bien que l'écriture raqiq de ce manuscrit semble rapporter son origine au XVIIIᵉ siècle. Cet ouvrage finit à la cent trente-troisième année, en l'an de saint Matthieu.

N° 224. — المناقب للحبوش El mĕnaqĕb el Ḥubuwš
« Les mérites des Abyssins ».

22 sur 16; manuscrit d'une jolie écriture non africaine et sur papier arabe, dont les marges sont légèrement atteintes par la fumée; quinze lignes par page; 50 feuillets, dont le dernier est blanc.

Voici le titre entier de cet ouvrage : هذا كتاب المنقوش فى مناقب للحبوش للامام النووى « Ceci est le livre de broderies au sujet des mérites des Abyssins, par l'imam Nuwuwy. »

Selon M. A. Kazimirski de Biberstein, qui a bien voulu examiner cet ouvrage, il est sans date et se dit abrégé d'un autre livre intitulé الطراز المنقوش فى محاسن للحبوش ou « La bordure brodée au sujet des belles qualités des Abyssins ». L'auteur raconte la conversion à l'islamisme du Najaši ou roi d'Abyssinie nommé Ashaba, Asmaha, Ashama ou Samaha. Plus loin on dit que le mueddin particulier de Muḥammĕd et Lokman le Sage étaient des Abyssins. Nuwuwy parle ensuite, et d'après des auteurs connus, de la fidélité des esclaves abyssins, de leur habileté comme intendants, et de la prééminence des Abyssines sur les femmes des autres pays, tant au physique qu'au moral. Nuwuwy cite enfin plus de trente mots éthiopiens qui se trouvent dans le Qoran.

N° 225. — ክብረ ፡ ነገሥት Kịbrạ nạgạṣt
« Gloire des Rois ».

17 sur 11; volume en papier d'Europe, broché en carton et écrit sur une colonne, les deux premières pages étant de ma main; 92 feuillets, dont le premier en blanc.

1. Kịbrạ nạgạṣt, déjà mentionné sous les n°ˢ 97, 132 et 152. Cet

ouvrage est suivi de la mention des divers fiefs ecclésiastiques de Aksum, de charmes ou remèdes, et même d'une ሥላሴ pièce de vers adressée au maître du livre prototype. En tête du volume est une ሥረገላ ፡ ዘነፋስ rose des huit vents principaux, répétée plus bas, et qui montre que, dans ces derniers temps du moins, ሰሜን signifie « nord » et que ደቡብ correspond à « sud ». La position des termes bien connus que nous traduisons par « est » et « ouest », et surtout les situations géographiques des provinces, dont les noms sont écrits autour de Aksum placé au centre de la rose, ne permettent aucune incertitude à cet égard. Cette portion principale du volume occupe 165 pages.

2. Des distiques en vers amariñña et quelques dictons dans la même langue occupent les *verso* des neuf derniers feuillets.

N° 226. — ተአምረ ፡ ኢየሱስ Ta-ammira IYASUS
« Miracles de JÉSUS ».

31 sur 24; maḥdar et difat de mas en bon état; reliure fraîche et moderne; écriture guilḥ sur deux colonnes.

Cet ouvrage raconte, en quarante-deux miracles ou chapitres, les événements de la vie de Notre-Seigneur, en y mêlant quelques traditions apocryphes. Il est orné de vingt et une grandes figures enluminées et se compose de 114 feuillets, dont 3 blancs.

N° 227. — ገድለ ፡ ያረድ Gadla Yared
« Vie de saint Yared ».

22 sur 18; demi-reliure française; dos de maroquin noir avec filets; couverture et étui en percale noire; transcrit pour moi sur papier arabe, en deux colonnes par page et dans ce caractère menu qu'on appelle ጢፉት, parce qu'on l'a com-

paré aux grains du ጤፍ, sorte de *poa* employée comme céréale; 60 feuillets, dont 5 blancs.

1. Vie de Yared. Cet opuscule s'intitule avec raison ድርሳነ ፡ ያሬድ፡ « Traité sur Yared », et donne de vagues détails sur ce saint, célèbre en Éthiopie. Il naquit à Aksum, s'enfuit après avoir été battu par son maître pour n'avoir pas appris ses psaumes, et ne se remit à l'étude qu'en voyant un insecte atteindre et manger la feuille d'un arbre après être tombé plusieurs fois en grimpant le long de son tronc. Yared inventa le plain-chant si original des Éthiopiens, ainsi que leur poésie sacrée, dont la facture ne serait bien comprise que de nos faiseurs d'opéras, qui composent leurs rimes en vue de la musique. Yared mourut en Simen, et sa vie offre peu de détails. — 11 feuillets.

2. ተአምረ ፡ ያሬድ፡ « Miracles dus à saint Yared »; 4 feuillets.

3. መልክዐ ፡ ያሬድ፡ « Image de Yared »; 3 feuillets.

4. Yǎwiddase MARYAM tirguame, c'est-à-dire explication, en amariñña, du traité intitulé « Louanges de MARIE »; 37 feuillets.

N° 228. — ድርሳት ፡ ግእዝ Dirsata gis
« Racines (gi'iz) rangées par rimes ».

20 sur 14; cahier de papier à lettre écrit pour moi, en deux colonnes par page, à Gondar, sous la dictée d'un professeur de grammaire; 18 feuillets, dont 6 blancs.

N° 229. — ድርሳነ ፡ ቂርቆስ Dirsana Qirqos

« Traité sur saint Qirqos ».

17 sur 12; chétif cahier de papier arabe; 10 feuillets, dont 4 et demi transcrits.

J'ai fait copier cette petite pièce à cause de sa singularité, et parce qu'elle est composée en vers amariñña de dix syllabes chacun.

N° 230. — የማርያም ፡ ድርሰት Ya MARYAM dirsat

« Composition sur MARIE ».

21 sur 14; brochure de six feuilles sur papier bleuâtre d'Europe, et écrite sur deux colonnes.

1. « Traité par Salabastryos, dit aussi Baso, pour l'amour de Notre-Dame MARIE, mère de DIEU, remède de l'âme et du corps ».

እስኪ ፡ ምስጋና ፡ ልድረሰላት ፡
ለበጎ ፡ ፍጥረት ፡ ለእምላከ ፡ እናት ።

C'est-à-dire : « Voyons, adressons-lui des remercîments, à la bonne créature, à la mère de Dieu. »

Ces vers occupent six colonnes et demie. Toute la pièce est en vers amariñña de dix syllabes chacun, et, comme dans les improvisations guerrières contemporaines, cette poésie populaire vise souvent aux jeux de mots. Par exemple :

ከራስ ፡ ጠጉርሽም ፡ ቅቤ ፡ አልገባ ፡
መንፈስ ፡ ቅዱስን ፡ የተቀባ ።

« Le beurre n'est pas entré dans les cheveux de ta tête, qui ont été oints par le Saint-Esprit. » Toute cette composition est fort naïve et rappelle nos opuscules analogues dans le moyen âge.

2. Vers amariñña sur le crucifiement de Notre-Seigneur; sept colonnes. Cette pièce commence ainsi :

ነገረ ፡ ስቅለት ፡ ልጀምር ፡
ግፉን ፡ ቢሰሙት ፡ አያምር ።

C'est-à-dire : « Commençons le récit du crucifiement; l'affront n'en est pas beau à entendre. » .

N° 231. — የፍትሐ ፡ ነገሥት ፡ ትርጓሜ Ya Fitḥa nagaṣt tirguame « Explication du jugement des rois ».

34 sur 26; manuscrit écrit sur papier arabe en deux colonnes, et relié à Paris en maroquin noir, avec une bande de parchemin blanc sur le dos pour y recevoir le titre en caractères éthiopiens; 125 pages, dont 22 en blanc.

Ce volume est en amariñña. En quittant l'Éthiopie j'emmenai avec moi le jeune mamhir Tawalda madhin, natif de Aqa warq, en Walqayt. Au Caire ce professeur me dicta mon vocabulaire amariñña, et à Jérusalem, quand je le quittai pour toujours, je lui fis promettre de faire transcrire son commentaire traditionnel du Fitḥa nagaṣt. Las du monde et de ses labeurs, et n'aspirant plus qu'à la paix du cloître, Tawalda madhin s'est arrêté à la fin du Fitḥ manfasawi ou première partie du code éthiopien. Cela est d'autant plus à regretter que la seconde partie du code est la plus importante. J'ai dû ainsi renoncer à mon dessein de publier ce commentaire oral de la loi écrite pour faire suite aux us de procédure et à l'exposition des coutumes légales de l'Éthiopie, dont mon frère avait déjà terminé une seconde rédaction.

N° 232. — ገድለ ፡ሙሴ Gadla Muse « Vie de Moïse ».

23 sur 17; sur papier arabe, écrit en deux colonnes, et taché par l'eau; 8 f.

1. Fort estimé des Falaša, cet opuscule n'ajoute rien au récit de la Genèse.

2. 18 sur 16; feuillet de parchemin contenant, en dehors et sur deux colonnes, des extraits de la Genèse, et, en dedans, des figures très-naïves de Moïse et d'Aaron, ce dernier portant une crosse comme celle des dabṭara chrétiens. Ces figures montrent que les Falaša tiennent à représenter leurs saints.

N° 233. — የኦሪት ፡ ዘፍጥረት ፡ ትርጓሜ
Yaorit zafiṭrat tirguame « Explication de la Genèse ».

24 sur 17; deux feuillets de papier arabe; écriture mauvaise et inégale, sur une colonne.

Cet opuscule imparfait contient en amariñña des explications *chrétiennes* sur la Genèse, bien que l'écriture soit celle des Falaša.

N° 234. — ሐተታ ፡ ዘርዐ ፡ ያዕቆብ Ḥatata Zarʿa Yaʿiqob
« Examen par Zarʿa Yaʿiqob ».

15 sur 10; 32 feuillets de papier d'Europe, à une colonne par page. L'avant-dernier feuillet contient une notice, en latin, sur cette copie faite à Dabra Tabor, en 1853.

Plus instruit que moi dans la langue savante et dans les traditions de l'Éthiopie, le Père Juste d'Urbin regardait ce livre comme présentant une conclusion d'athéisme. C'est au moins la tendance de l'auteur; car, à force de nier, il montre une âme à peu près vide de tout sentiment religieux. Comme mon n° 215 était l'ouvrage le plus curieux de sa collection, le Père Juste, craignant que ce livre rare ne s'égarât, en fit cette transcription qu'il m'envoya par la poste. C'était au moment où, après s'être reposé en Égypte, ce savant missionnaire se remit en route pour aller mourir à Ḳarṭum, martyr de l'obéissance et de son vif désir d'évangéliser la grande nation Galla.

FIN.

TABLE ALPHABÉTIQUE

DES OUVRAGES CITÉS DANS LE CATALOGUE,

RANGÉS D'APRÈS LEURS NOMS ÉTHIOPIENS.

Abdyu, n°ˢ 16, 30, 35, 55, 195.
Abinnat, 4, 32, 36, 39, 40, 95, 96, 109, 134, 143, 147, 150, 156, 184, 189, 194, 202, 206, 207, 207, 225.
Abiy qamar, 123, 155.
Abtilis, 65.
Abu qalamsis, 9, 119, 164.
Abušakir, 140.
Addaminna Hewan, 143.
Afa warq, 20, 134, 166.
Akkonu bi-isi, 4, 29, 210.
Aksimaros, 125.
Akuateta quirban, 13, 72.
Amlake, 107.
Ammist a'imada mistir, 6, 151, 188.
Amoz, 16, 30, 35, 55, 195.
Ankaritos, 125.
Anqaza amin, 152.
Aragawi manfasawi, 19, 23.
Araray, 87.
Arba'itu haddisat, 9, 164.
— nagast, 137, 157, 197.
— wangel, 2, 47, 82, 95, 112, 173.

Ardi-it, 7, 107.
Arganon, 4, 83, 120, 121, 198.
Aryam, 87.
Asartu tas-ilotat, 122.
Asmata mazahft, 34.
— nagasta Ityopya, 30.
Aster, 35, 55.

Ba-anta Igzi-itna, 190.
— salastu mi-it, etc. 18.
— Sillase, 133.
— timhirta hibu-at, 121, 171.
— tisgut, 158, 186.
— zalota Langinos, 31.
Badran, 77.
Baralam, 31, 130.
Barok, 35, 55, 195.
Bartos, 153.
Basma Igzier qadamawi, 144, 171.
Batlimos, 20.
Bible, 65, 65, 96.
Biruh dammana, 189.
Bluyat, 16, 30, 35.

Dabdabe, 3, 17, 18, 19, 30, 34, 35,
  65, 65, 68, 69, 72, 96, 97, 108,
  116, 116, 133, 135, 136, 152,
  169, 181, 190, 196, 198, 225.
Dani-el, 16, 30, 35, 55, 137, 149,
  197, 205.
Daqiqa nabiyat, 16, 30, 35, 55, 157.
Dates de livres, 28, 30, 32, 49, 68,
  74, 96, 103, 105, 131, 165.
Dawit, 3, 87, 105, 184.
Didisqilya, 79.
Diggua, 87, 189.
Dirsana Afnin, 94.
— Amlak, 54, 80.
— arba'itu insisa, 54, 80, 92, 123.
— Dyosyanos, 64.
— fayatawi, 12, 80.
— Filmona, 177.
— Gabri-el, 29.
— Kidana mihrat, 74.
— mahyawi, 29.
— Malka zedeq, 18, 18, 94, 94,
  94, 94.
— MARYAM, 80, 92, 158, 158,
  214.
— masqal, 54.
— Mika-el, 84, 123, 206.
— Qirqos, 229.
— Rufa-el, 14, 193, 206.
— salama Gabri-el, 125.
— salastu daqiq, 179.
— tisbi-it, 76.
— Yohannis matmiq, 45, 54, 103,
  134.
Dirsan za Abba Salama, 219.
— Afa warq, 45, 76, 134.

Dirsan za Aqaqyos, 18.
— Awsibyos, 18.
— Basilyos, 54.
— Diyonasyos, 64.
— Epifanyos, 18, 18.
— Farmon, 18.
— Fidotos, 18.
— Gorgoryos, 18.
— Hiryaqos, 158, 158.
— Inistosyos, 134.
— Minas, 54.
— Priqlos, 18.
— Qerlos, 18, 18, 18, 194.
— ba-anta Malka zedeq, 18, 18,
  94, 94.
— Riginos, 18.
— salastu mi-it, 18.
— Samu-el, 219.
— Sawiros, 18.
— Sawiryanos, 18.
— Ta-ofilos, 92, 158.
— Tewodotos, 18.
— Tewofilos, 179.
— Tidotos, 18.
— Timotewos, 158.
— Wagris, 75.
— Ya'iqob, 219.
— Yobanalyos, 18.
— Yshaq, 76.
Dirsata gis, 147, 228.

El mënaqëb el Hubuwš, 224.
Epifanyos, 125.
Ermyas, 35, 55, 107, 195.

Falasfa, 26, 73, 81, 122.

Faws manfasawi, 155.
Futuwh el Habaš, 164.
Fikare beta kristiyan, 20.
— IYASUS, 111, 122, 134, 193.
— qalata wangel, 24.
Filkisyus, 23, 37, 172.
Filsita, 158, 158.
Fitha nagast, 180, 200, 220.

Gadla Abadir, 110.
— Abakirazun, 179.
— Abaskiron, 179.
— Abaw, 85.
— abba Akawih, 179.
— Garima, 89.
— Kiros, 94, 103, 123.
— Nob, 54.
Gadla Abib, 110, 123.
— Aboli, 54, 179.
— Abriham, 107.
— Abriham zarabi, 179.
— Abukarazun, 174.
Gadla abuna Aragawi, 46.
— Gabra Manfas Qiddus, 36, 126, 134.
— Garima, 89.
— Samu-el, 61.
Gadla Abunafir, 85, 91, 94.
— Abuqir wa Yohannis, 179.
— Addam, 107, 125.
— Afa warq, 20.
— Anistasyos, 179.
— Anorewos, 43.
— arba'itu hara, 179.
— Aron, 63.
— Astifanos, 45, 102, 110.

Gadla Atinasyos, 179.
— Azqir, 110.
— Bakos, 110.
— Barsoma, 31.
— Bartolomewos, 58, 64.
— Basiliqos, 179.
— Bazalota Mika-el, 129.
— Bisoy, 126.
— Damalis, 110.
— Dilasor, 103.
— Dimatryos, 110.
— Dimyanos, 92, 110.
— Elawtros, 110.
— Ewostatewos, 45, 110.
— Fasiladas, 110, 127.
— Filmon, 179.
— Filmona, 177.
— Filipos, 46, 58, 64.
— Filyas, 110.
— Fiqitor, 179.
— Fire Mika-el, 161.
— Gabra Kristos, 46, 103, 110, 123.
— Galawdewos, 179.
— Giyorgis, 14, 123, 179.
— haddis, 179.
Gadla Harustifarus, 179.
— Hawaryat, 58, 64.
— Herenewos, 179.
— Heroda, 39, 183.
— Indryanos, 179.
— Indryas, 58, 64.
— Intawos, 179.
— Intolya, 179.
— Intonis, 31, 60, 179.
— Intya, 110.

TABLE ALPHABÉTIQUE

Gadla Ira-i, 110.
— Istifanos, 45, 102, 110.
— Kirakos, 110.
— Kiros, 123.
— Kristina, 179.
— Lalibala, 139.
— Luqas, 58, 64.
— Makbyu, 179.
— Malka zedeq, 94.
— Mammas, 110.
— mar Kiros, 123.
— Marina, 179.
— Marqorewos, 110, 110.
— Marqoryos, 92, 92.
— Marqos, 58, 64.
— Matewos, 58, 58, 64.
— Matyas, 64.
— Minas, 92, 110, 179.
— Muse, 46, 232.
— Na-akuito la-ab, 29.
— Nasir, 179.
— Nob, 54, 179.
— Orni, 179.
— Pantalewon, 110, 110.
— Patriqa, 110.
— Pawli, 60.
— Pawlos, 58, 64.
— Petros, 58, 64.
— Pifamon, 179.
— Pistis, Alapis, wa Agapis, 179.
— Qerlos, 48.
— Qopryanos, 110.
— Qosmos, 92, 110.
— Romanos, 110.
— sabaïtu daqiq, 37, 179.
— Samaïtat, 110, 179.

Gadla Samu-el, 32, 61.
— Sanudyos, 126.
— Sargis, 110.
— Sawiros, 31.
— Sim-on, 58, 64.
— Susinyos, 179.
— Tadewos, 177.
— Takla hawaryat, 63.
— Takla haymanot, 40.
— Tawkalya, 179.
— Teqala, 179.
— Tewdada, 110.
— Tewodotos, 179.
— Tewofilos, 110.
— Tewoqritos, 179.
— Tewotiqanos, 179.
— Tomas, 58, 58, 64, 64.
— Walata Petros, 88.
— Yafqaranna Igzi-i, 56.
— Yaïqob, 58, 58, 58, 64, 64, 64, 92, 107.
— Yared, 97, 227.
— Yhuda, 58, 64.
— Yohannis, 64, 179.
— matmiq, 54, 110.
— walda zarabi, 179.
— wangelawi, 58.
— za Daylami, 110.
— za Sinhut, 179.
Gadla Yolyos, 110.
— Yshaq, 107, 179.
— Ystos, 54, 179.
— Za-ari Nosofis, Petros wa Iskiryon, 179.
— Zar'a Abriham, 161.
— Zena MARYAM, 14.

Gadla Zenobis, 110.
— Zenobya, 110.
Gibra hawaryat, 9, 119, 164.
— himamat, 11, 12, 168.
— Tomas, 64.
— Yaïqob, 64.
Gis, 147, 228.
Giyorgis walda Amid, 67, 68.
Gizzat, 15, 49, 62, 119.
Gizawe, 65, 154.
— dirsan zaqiddus Qerlos, 18.
— sirat, 47.
Gorgoryos, 21, 107, 150.
Guba-e malki, 170, 194.
— nabiyat, 55.
— salamta, 135.

Haddisat, 9, 119, 164.
Hagge, 16, 30, 35, 55, 195.
Halywoke, 55.
Hammist aïmada mistir, 6, 151.
Hasaba adibar, 189.
— Dawit, 86.
— Henok, 86.
— hig, 37, 96, 97, 105, 108, 109, 111, 116, 123, 132, 133, 136, 149, 155, 186, 190, 223.
— Izra, 86.
— Yodit, 189.
— zar, 189.
— ziniït, 186.
Hasabat, 86.
Hasĕn, 161.
Hatata qiddist, 96.
— Walda hiywat, 215.

Hatata Zara Yaïqob, 215, 234.
Haymanot ritït, 151.
Haymanota Abaw, 15, 31, 93.
— Yaïqob, 122, 152, 155.
Haymanotu la Marqos, 186.
— Mikyas, 122.
— qiddus Giyorgis, 18.
Hazura masqal, 162.
Henok, 16, 30, 35, 55, 99, 107, 197.
Herma, 174.
Himamat, 168, 184.
Hizqi-el, 35, 55.
Hizuzan, 35, 141.
Hoseï, 16, 30, 35, 55, 99, 195.

Igzi-abher zabrihanat, 50, 121, 144, 171.
Igzier nags, 4, 25, 133, 211.
Inbaqom ou Ïnbaqom, 16, 30, 35. 55, 195.
Ïnzira sibhat, 121.
Irafta MARYAM, 158.
Iyasu, 22, 117, 148.
Iyob, 16, 30, 35, 55, 137, 197.
Isayyas, 16, 30, 35, 55, 107, 137, 150, 157, 195.
Iyu-el, 16, 30, 35, 55, 195.
Izl, 87.
Izra, 35, 55, 107, 150.

Kibra MARYAM, 158.
— nagast, 97, 132, 152, 225.
Kidana IYASUS, 51, 199.
— nagh, 13, 72, 112, 146, 171.
Kidanat, 51, 199.
Kitab, 192, 192.

Kufale, 117.

La Addam fasikahu, 144.
Laha MARYAM, 80, 91.
Lidata MARYAM, 158.
Lifafa zidiq, 50, 214, 219.

Madhina Muse, 107, 115.
Mahalya mahaly, 3, 16, 41, 105, 202.
— nabiyat, 3, 17, 41.
Mahleta Igzi-abher, 3, 211.
Mahsasa Basilyos, 214.
Makbib, 16, 30, 35, 55, 149, 202.
Mal-ikta Badran, 77.
Malka Abadir wa Era-i, 170.
— Abib, 135, 170.
— Aboli, 170.
— abuna Aragawi, 170.
— arba'itu insisa, 30.
— asartu wakil-etu hawaryat, 170.
— daqiqa Tewdada, 170.
— daqiq qiddusan, 170.
— Diyosqoros, 194.
— Fasiladas, 170.
— Filatawos, 170.
— Filmona, 177.
— Filsita, 144.
— Fiqitor, 170, 194.
— Gabra Kristos, 170.
— Manfas Qiddus, 36.
Malka Gabri-el, 29, 208, 209, 209, 210.
— Galawdewos, 144, 170, 194.
— Giyorgis, 14, 170, 171, 209.
— Hawaryat, 146, 170.
— Hor, 170.

Malka Ihita Kristos, 88.
— Istifanos, 144, 170, 194.
— IYASUS, 170.
— Iyob, 194.
— Kiros, 170.
— lissan, 214.
— Madhane 'alam, 70.
— mala-ikt, 133.
— Marqorewos, 146, 170, 194.
— Marmihnam, 194.
— MARYAM, 114.
— masqal, 143, 146, 194.
— Mika-el, 70, 146, 208, 209, 209.
— aragawi, 170.
Malka Minas, 170.
— Na-akuito la-ab, 29.
— Nob, 170, 194.
— Petros wa Pawlos, 170, 209.
— Pilatos, 170.
— Qirqos, 170, 194.
— Rufa-el, 14, 123, 208.
— Sarabamon, 170.
— Sibistyanos, 170.
— Sillase, 194.
— Tadewos, 177.
— Takla haymanot, 209.
— Tewodiros, 11, 22, 27, 170. 170.
— Walata Petros, 88.
— Yared, 227.
— Yohannis, 110, 133, 170, 208.
— Yolyos, 170.
— Yostos, 170, 214.
— Zena MARYAM, 14.
Mambira tas-ilya, 157, 195.

DES OUVRAGES CITÉS. 231

Maqabis, 59.
Maqabyan, 55.
Maqdima Pawlos, 130.
— tirguame Pawlos, 130.
— wangel, 2, 47.
Mar Falaskinos, 5.
— Yshaq, 33, 37, 85, 172, 178.
Marha iwran, 136, 190.
Masafint, 22, 117, 148.
Mawasit, 87.
— zafalasyan, 71.
Mazgaba diggua, 87.
Mazhafa Atinasyos, 96.
— bahry, 69, 207.
— briban, 69.
— dorho, 11, 168.
— falasfa, 26, 73, 81, 122.
— ginzat, 8, 50, 219.
— guba-e, 18.
— hawi, 34.
— hidar, 92.
— Igzi-iya, 150.
— kidan, 51, 90, 199.
— kristinna, 162.
— libuna, 53.
— mahbar, 14.
— mal-ikt... 214.
— milad, 62.
— mistir, 49.
— nuzaze, 162.
— qandil, 213.
— qedir, 103.
— Sawiros, 76.
— simatat, 178.
— sinkisar, 1, 66, 98, 163.
— taklil, 213.

Mazhafa timqat, 213.
Mazahfta manakosat, 19.
Mazheta libuna, 53.
Mi-ilad, 151.
Mi-iraf, 87.
Mikiyas, 55.
Mikyas, 16, 30, 35, 55, 195.
Milkyas, 16, 30, 35, 55, 195.
Misalyata Salomon, 16, 30, 35, 55, 149, 202.
Mistira sigawe, 6.

Nabiyat, 157, 195.
Nagar za Barok, 35, 55, 195.
Nagara Abaw, 178.
— Afa warq, 134.
— falasfa, 26, 73, 81, 122.
— Galla, 185.
— mahbar, 92, 155.
— MARYAM, 102, 158.
— Marqoryos, 92.
— Sawiros, 92.
Nagast, 35, 57, 137, 141, 197.
Nahom, 16, 30, 35, 55, 195.
Nibaba Salomon, 206.
Ni-us qamar, 37.
Nuhata zilalot, 37, 170.

Orit, 22, 117, 148, 157.
Orit za dagim, 22, 107, 117, 148, 150.
— huilqui, 22, 117, 148.
— Iyasu, 22, 117, 148.
— lewawyan, 22, 117, 148, 204.
— lidat, 22, 117, 148, 203, 232.
— masafint, 22, 117, 148.

Orit za Rut, 22, 117, 148.
— simmintu biher, 22, 117, 148.
— tasaïtu biher, 117.
— za'at, 21, 22, 107, 117, 148, 150, 204.

Qala makbib, 16, 30, 35, 55, 149, 202.
Qalamsis, 9, 119, 164, 184.
Qalata Atinasyos, 96.
— abuna Yshaq, 85.
Qalemintos, 51, 78.
Qanona, 122.
Qiddase, 13, 72.
Qiddus Qerlos, 18, 48.
Qine, 77, 102, 145, 153, 176, 202, 206, 214, 216, 218, 225.
— la Ihita Kristos, 88.
Quz, 189.

Rad-a Intonyos, 131.
Ra-iya Henok, 107.
— Isayyas, 16, 30, 35, 55, 107, 137, 150, 157, 195.
— kawakibt, 109, 109, 116.
— masqal, 92.
Ri-iyotu la Inbaqom, 92.
Ritu'a haymanot, 80.
Rut, 22, 117, 148.

Sa'atat, 17, 25, 105, 111, 159.
Sabela, 134, 193.
Salam, 87.
— laki MARYAM, 207.
Salama Gabri-el, 125, 202.
Salamta la Galawdewos, 143.

Salamta la Istifanos, 143.
— MARYAM, 114.
Salomon, 16, 30, 55, 55, 149, 202.
Sane golgota, 26, 142, 144, 214.
Santarraj, 2, 47.
Saqoqawa Dingil, 133, 162.
— nafs, 206, 206.
Sargis, 51.
Sarkis, 152.
Sawasiw, 27, 39, 116, 146, 147, 160, 175, 182, 189, 216, 217.
Sawiros, 76, 92, 125, 155.
Sibkata Indryas, 64.
— Matewos, 64.
— Tomas, 64.
— Yhuda, 64.
Si-ilat, 13, 82, 88, 102, 105, 109, 111, 113, 114, 116, 133, 137, 148, 166, 171, 179, 185, 203, 206, 222, 226, 232.
Si-ilitata Basilyos, 96.
— Gorgoryos, 96.
Si-m'on za'amd, 109, 121, 196.
Sina fitrat, 6, 125.
Sinkisar, 1, 66, 98, 163.
Sinodos, 65, 141.
Sirak, 16, 35, 55, 122, 149.
Sirata beta kristiyan, 26, 34, 65, 78.
— dabra Libanos, 108.
— mahbar, 10, 108, 125.
— meron, 213.
— minkuisinna, 71, 201.
— mizwat, 108.
— qiddase, 13, 72.
— zyon, 65.

Sirat la Pakuimis, 10, 75, 174.
Sofonyas, 16, 30, 35, 55, 195.
Surare Narga, 47, 108, 169, 181.

Ta-ammira abuna Gabra Manfas Qiddus, 36, 126, 187.
— Anorewos, 43.
— Fasiladas, 110.
— Gabri-el, 123.
— Giyorgis, 14, 92, 192.
— IYASUS, 158, 168, 226.
— kaysi, 64.
— mahleta Igzi-abher, 211.
— MARYAM, 91, 102, 114, 165, 196, 222.
— Mika-el, 123, 123, 206.
— Rufa-el, 14, 123.
— Takla haymanot, 40.
— Yared, 227.
Tabiba tabiban, 143.
Tagsaza Salomon, 16, 30, 55, 149, 202.
— Sawiros, 92.
Tanbita Salomon, 55.
Tarat, 212, 225.
Tarika azzaj Naço, 108.
— nagast, 28, 30, 42, 44, 52, 81, 84, 97, 100, 105, 108, 118, 167, 221.
— qiddus Intonis, 31.
Tarikat, 39, 67, 96, 105, 107, 108, 108, 111, 116, 116, 119, 123, 132, 133, 136, 152.
Tarik iska Abriham, 67.
Tarik za Iyasu, 108, 169.
Tartag, 152.

Tas-ilotata Antyokos, 96.
Tas-ilotat ba-anta qiddase, 156.
Tazkara MARYAM, 158.
Tibaba Sabela, 134, 193.
— Salomon, 16, 30, 35, 55, 149, 202.
— Sirak, 16, 35, 55, 122, 149.
Ti-izaz, 65.
Ti-izaza sanbat, 107, 107.
Timhirta haymanot, 122.
— hibu-an, 171.
Tirguame abuna zabasamayat, 26, 110.
— asmat, 37.
— ba-anta wurzut waris-i, 134.
— beta kristiyan, 13.
— Dani-el, 156, 157.
— daqiqa nabiyat, 156, 156, 157.
— Dawit, 41.
— fidalat, 212.
— Hizqi-el, 140, 190.
— Hizuzan, 157.
— Isayyas, 156, 157.
— Izra, 157.
— Kufale, 154.
— Nagast, 156, 157.
— Orit, 28, 39, 156, 157, 175, 195.
— salama Gabri-el, 26.
— Wangel, 24, 191.
— widdase MARYAM, 101, 227.
— zalota haymanot, 26, 101, 212.
Tobit, 205.
Tobya, 35.
Tomara Atinatewos, 15, 93, 214.
— Qerlos, 18.

Ṭomara Yoḥannis, 18.

Wag wasirata mangiṣt, 26.
Wangela Yoḥannis, 14, 111.
Wazema, 87.
Widdase Amlak, 4, 5, 10, 198.
— la masqal, 176.
— maḥbara mala-ikt waṣab-i, 133.
— MARYAM, 3, 76, 101, 105, 125, 258.
— masqal, 138.
— sanbat, 111.
— Sillase, 133.

Ya Aksum gibr, 97.
— ʿamat ʿarke, 211.
Yafa warq tirguame, 145.
Yafidal tirguame, 212.
Yaiftḥa nagaṣt tirguame, 231.
Yafitḥat mazḥaf, 8, 50, 219.
Yafitḥat mazabft, 8.
— Henok tirguame, 161.
— MARYAM dirsat, 230.
— Kufale tirguame, 154.
Ya-orit zafitrat tirguame, 233.
Yarab sawasiw, 116.
Yasaï camma, 37, 170.
— salama Gabri-el tirguame, 26.
— siqlat dirsat, 230.
— Wanag saggad tarik, 28.
— widdase MARYAM tirguame, 101, 227.
Yodit, 35.
Yoḥannis madabbir, 31.
Yonas, 16, 30, 35, 55, 195.
Yosef walda Koryon, 38, 77, 124.

Yoseï, 148.

Za-arbaït, 87.
Zabluy 22 mazḥaf, 16.
Zagabra Indryas, 91.
— Tomas, 91.
Za Gorgoryos nabiy, 21, 107, 150.
— kamma taḥab-at MARYAM, 158.
Zakaryas, 16, 30, 35, 55, 195.
Zakona ba-anta bi-isit, 91.
Zalota abaw, 75.
— Dani-el, 3, 17, 41, 105.
— Ḥanna, 3, 17, 41, 105.
— haymanot, 26, 87, 101, 202.
— Hizqyas, 3, 17, 41, 105.
— Igzi-itna MARYAM, 3, 17, 26, 41, 76, 88, 171.
— Inbaqom, 3, 17, 41, 105.
— Isayyas, 3, 17, 41, 105.
— ïtan, 50, 72, 219.
— Minase, 3, 17, 41, 105.
— Muse, 3, 7, 17, 41.
— niwam, 17, 111.
— Quisṭanṭinos, 138.
— salastu daqiq, 3, 17, 41, 105, 111.
— sark, 17.
— Sim-on, 17, 41, 105.
— Yonas, 3, 17, 41, 105.
— Zakaryas, 3, 17, 41, 105.
Zalotat (prières détachées), 4, 10, 16, 32, 36, 50, 70, 72, 105, 107, 107, 107, 111, 115, 119, 123, 133, 134, 135, 142, 143, 144, 146, 150, 163, 171, 172, 176, 186, 202, 207, 209.

Zalotata Falasyan, 107, 150, 190.
Zalotata Zir-i, 188.
Zalotat la MARYAM, 143, 171.
Zalot za Abrokoris, 171.
— zasaba'itu 'ilat, 120.
Zasalast, 87.
Zema, 13, 149, 189.
Zena Abaw, 75.
— Afa warq, 20.
— Ayhud, 38, 77, 124.
— Dablos, 148.
— Heroda, 39.
— Intonis, 31.

Zena Iskindir, 67.
— MARYAM, 128.
— Mika-el, 123.
— nabiyat, 195.
— Narga, 47, 108, 169, 169, 181.
— ras Mika-el, 153.
— Sarkis, 152.
— Sikindis, 67.
— Tartag, 152.
— Yohannis, 134.
Zimmare, 87.
Zoma diggua, 106.

FIN.

CORRECTIONS.

Pages.	Lignes.	Au lieu de :	Lisez :
1	8		
6	10	Mazhafa	Maẓḥafa
89	5		
94	18		
14	14, 16, 18	ተእምረ	ተአምረ
15	3		
15	11	Qwarañña	Quarañña
22	4	መጽሐፍት	መጻሕፍት
31	13	ንግሥ	ነገሥ
37	16	Yohannis	Yoḥannis
38	1, 3		
45	16	Hamasen	Ḥamasen
49	24	Hanna	Ḥanna
53	1	Arbaitu	Arbaʿitu
54	11	mistir	misṭir
60	2	ʿSawa	Ṣawa
74	5		
71	15	....	Gadla abuna Samu-el
80	3	Zena-Iskindir	Zena Iskindir
97	14	gadil	gadl
101	7	Laha	Laḥa
110	dernière	Hadgu	Ḥadgu
113	23	Aḥmed	Aḥmĕd
114	2		
119	14	izil	izl
138	11	ስብዓቱ Sibʿatu	ሰባዕቱ Sabaʿitu
194	7	zaetlidat	zalidat
204	16	zalewawyan	zalewawyan
207	18	Petros	Petros
212	3	Hatata	Ḥatata

Le nom de la langue vulgaire employée par les professeurs éthiopiens doit s'écrire « amariñña ». On la nommait « amhariñña » du temps de Ludolf qui l'appelait « amharica ».

www.ingramcontent.com/pod-product-compliance
Lightning Source LLC
Chambersburg PA
CBHW070648170426
43200CB00010B/2161